Franziska Schmid

Local Superfoods

Rezepte mit den besten heimischen Vitalstoffpaketen

TRIAS

Die Top **10** meiner Rezepte

Auf einen Blick sind hier meine Lieblingsgerichte aufgelistet. Diese Gerichte sind ein fester Bestandteil meiner Alltagsküche – superlecker, supergesund, Superfoods!

1. Grüner Lieblingssmoothie (Seite 56) Ein grüner Smoothie gibt Power für den Tag und sorgt schon am Morgen für eine geballte Ladung Mineralstoffe und Vitamine. Besonders schön: Die Zubereitung ist nicht aufwendig und geht sehr schnell.

2. Hanf-Blaubeer-Milch (Seite 58) Egal, ob zum Frühstück oder als Snack am Nachmittag, diese Power-Milch gibt Energie und schmeckt köstlich. Sie eignet sich zudem gut zum Mitnehmen ins Büro.

3. Süßlupinen-Hummus (Seite 63) mit Hanfsamencrackern (Seite 68) Hummus gehört zu den Gerichten, die einfach immer passen. Zusammen mit den Crackern der perfekte schnelle Snack, den man auch gut als Reiseproviant einpacken kann.

4. Süßkartoffelpommes mit Kräutermayo (Seite 72) Köstlich! Endlich ein Superfast-Food, das gut für die Gesundheit ist – schmeckt so gut, dass ich es täglich essen könnte.

5. Avocadotoast (Seite 81) Es geht doch nichts über eine Scheibe gutes Brot mit Avocado. Passt immer – als Frühstück, kleines Mittagessen, Snack oder Brotzeit.

6. Bunter Grünkohlsalat (Seite 85) Dieser Salat hat Suchtpotenzial und wenn es Ihnen wie mir geht, werden Sie das Ende der Grünkohlsaison mit Schrecken erwarten und der neuen Ernte mit großer Freude entgegenfiebern.

7. Süßkartoffelbratlinge mit Roter Bete (Seite 99) oder Amaranth-Burger (Seite 90) Ein typisches Fast Food, dem durch die Verwendung von Superfoods neue Vitalkraft verliehen wurde.

8. Pizza mit Süßkartoffeln, Rukola und Sanddornchutney (Seite 108) Diese Version eines italienischen Klassikers ist ungewöhnlich, aber unglaublich lecker. Auch wenn sich die Zubereitung aufwendig anhört, die Pizza ist schnell gemacht und schmeckt köstlich.

9. Schokoeis mit Cashewkernen (Seite 111) Als ich dieses Eis zum ersten Mal probiert habe, war meine Entzückung grenzenlos. Minimaler Aufwand, maximaler Genuss.

10. Grünkohl-Eis am Stiel (Seite 116) Eis am Stiel, das nur so vor Superkraft und Vitalstoffen strotzt? Hier!

Franziska Schmid schreibt als Bloggerin und freie Journalistin über vegane Eco Fashion, Kosmetik und Gastronomie. Gutes Essen und gesunde Ernährung waren schon immer ein wichtiges Thema in ihrer Familie – sie selbst lebt und isst seit 2008 vegan. Für TRIAS hat sie bereits den Detox-Ratgeber »Grüne Smoothies. Detoxen mit Rohkost.« verfasst und darin die positive Wirkung von grünen Smoothies beschrieben. Mit »Local Superfoods« bringt sie nun heimische Lebensmittel mit Superkräften auf die Teller. Sie lebt in Berlin und schreibt auf ihrem Blog Veggie Love: www.veggie-love.de

Die Autorin dankt ihrer Familie und insbesondere ihrer Mutter für die Gene, in denen Liebe zum Kochen steckt.

» Exkurse

Liebe Leserinnen, liebe Leser!

Superfoods sind mit ihrer hohen Nährstoffdichte die Superhelden unter den Lebensmitteln. Sie strotzen nur so vor Vitaminen und Mineralstoffen, machen fit und halten gesund. Kein Wunder, dass sich um Superfoods ein regelrechter Hype entwickelt hat und sie aus den entferntesten Winkeln dieser Erde zu uns gebracht werden. Um exotische Superfoods mit weiter Anreise soll es in diesem Buch aber nicht gehen. Vielmehr möchte ich bereits bekannte Lebensmittel in ein neues Licht rücken und Ihnen zeigen, welche Schätze es direkt vor der Haustür oder sogar in Ihrem Garten zu entdecken gibt.

Dazu gehört zum Beispiel Grünkohl, ein traditionelles Wintergemüse. Aber haben Sie diese Kohlart schon mal als Salat oder Chips probiert? In den USA ist das längst der Renner und Popstar Beyoncé trägt ihre Liebe zu »Kale«, wie Grünkohl auf Englisch heißt, sogar auf einem Sweatshirt in einem ihrer Musikvideos zur Schau.

Neben dem Grünkohl stelle ich Ihnen weitere Superfoods wie Rote Bete, Blaubeeren, Süßkartoffeln, Brunnenkresse, Sanddorn, verschiedene Nüsse, Wildkräuter oder Süßlupine vor. Und natürlich Rezepte für köstliche Gerichte! Viel Freude beim Entdecken und Kochen!

Ihre Franziska Schmid

Superfoods – Superhelden in der Küche

Superfoods sind gar nicht mal so exotisch, wie man gemeinhin denken mag. Welche Nahrungsmittel über welche Superkräfte verfügen, erfahren Sie hier!

Was sind eigentlich Superfoods?

Superfoods schützen den Körper vor Krankheiten und Umwelteinflüssen, wirken sich positiv auf das Wohlbefinden aus, geben Energie und halten gesund.

Das Beste überhaupt zuallererst: Superfoods schmecken gut und man kann gar nicht genug davon essen – viel hilft viel ist hier das Motto. Das hört sich alles zu gut an, um wahr zu sein? Ist es nicht, und hier ist noch eine weitere gute Nachricht: Viele dieser Superfoods kennen Sie bereits und landen vielleicht sogar schon regelmäßig auf Ihrem Teller.

In diesem Buch stelle ich Ihnen 14 verschiedene Superfoods vor, die alle leicht erhältlich sind – entweder auf dem Wochenmarkt, im Bioladen, im Reformhaus oder sogar direkt in Ihrem Garten, auf Ihrem Balkon oder Ihrer Fensterbank. Gesunde Ernährung soll schließlich Spaß machen und die Suche nach gesunden Lebensmitteln keine tagesfüllende Aufgabe sein. Die Zeit, die Sie beim Einkaufen sparen, verbringen Sie lieber beim Kochen oder am Tisch mit Ihren Lieben, die sich ebenfalls über die leckeren Gerichte mit Mehrwert freuen.

Wochenmarkt oder Bioladen: Für den Einkauf empfiehlt sich ein Besuch auf dem Wochenmarkt oder im Bioladen. Lebensmittel in Bio-Qualität sind nicht nur besser für Ihre Gesundheit, sie schmecken auch intensiver und sind aufgrund des fehlenden Einsatzes von Pestiziden besser für die Umwelt.

Superfoods enthalten neben Vitaminen und Vitalstoffen auch jede Menge Eiweiß, Spurenelemente, sekundäre Pflanzenstoffe und Antioxidanzien sowie essenzielle Fett- und Aminosäuren. Gesünder geht es fast nicht.

Noch etwas ist für die Gesundheit wichtig: möglichst unverarbeitete Lebensmittel zu konsumieren. Bei allen im Buch vorgestellten Rezepten steht deshalb der Geschmack der einzelnen Zutaten im Vordergrund. Industriell stark verarbeitete Nahrungsmittel kommen erst gar nicht zum Einsatz.

Ganz ohne Tier

Tierische Produkte werden Sie in den Rezepten nicht finden. Das hat einen einfachen Grund: Eine pflanzliche, also vegane Ernährung wirkt sich positiv auf die Gesundheit aus. Falls Sie sich bisher noch nie mit dieser Art von Ernährung beschäftigt haben, lernen Sie nun eine Vielzahl von Gerichten kennen, die ganz ohne Milchprodukte, Fisch, Fleisch und andere tierische Bestandteile auskommen – aber keine Sorge, an Geschmack oder Genuss mangelt es deshalb keineswegs. Auch wegen einer Mangelernährung müssen Sie sich keine Gedanken machen, denn die

Allergien und Co. Zudem sind die Rezepte für Menschen mit Allergien und Unverträglichkeiten geeignet. Ein Großteil ist zudem auch glutenfrei.

Reif und regional

Auch wenn wir heutzutage gewohnt sind, jede Sorte Obst und Gemüse zu jeder Jahreszeit in den Supermarktregalen zu finden, soll dieses Buch eine Erinnerung an die Lebensmittel sein, die zu einer bestimmten Zeit reif sind und in unserer Nähe wachsen. *Regional, saisonal* und *bio* sind Schlagworte, die Sie sicher schon oft gehört haben.

Ganz ist die Rückkehr zur ursprünglichen Natur aufgrund der Globalisierung natürlich nicht mehr möglich, aber wenn Sie ein wenig darauf achten, welches Obst und Gemüse gerade reif ist, tun Sie nicht nur sich, sondern auch der Umwelt einen Gefallen. Denn auch die weiten Transportwege sind oft nicht notwendig und können leicht vermieden werden, wenn regional und saisonal eingekauft wird.

Zudem schmecken reifes Obst und ein in der passenden Jahreszeit im Freiland gezogenes Gemüse einfach viel besser. Wer auf sogenannten Erzeuger-Wochenmärkten auf Entdeckungstour geht, bekommt schnell ein Gespür dafür, was gerade reif ist und was wann bei uns wächst.

Superfoods stärken unser Wohlbefinden

Vielleicht fragen Sie sich, ob man wirklich einen Unterschied bemerkt, wenn man regelmäßig Superfoods isst. Aus eigener Erfahrung kann ich nur Positives berichten. Und da Sie die im Buch verwendeten Superfoods zum großen Teil längst kennen, fällt es Ihnen sicher

nicht schwer, diese regelmäßig auf Ihren Teller zu bringen. Es reicht schon, wenn Sie hin und wieder auf die Verwendung von Superfoods achten – die Auswirkung auf Ihr Wohlbefinden lässt sicher nicht lange auf sich warten.

Einfach und schnell zum Nachkochen

Bei der Auswahl der Rezepte habe ich darauf geachtet, dass die Gerichte einfach und schnell nachzukochen sind, denn im Alltag fällt es oft schwer, sich Zeit für gesunde Ernährung zu nehmen. Diese Herausforderung soll Ihnen hiermit abgenommen werden. Aber auch wenn Sie Gäste erwarten oder mehr Zeit haben, werden Sie im Rezeptteil fündig. Ihr Freundeskreis wird sich sicher wundern, wenn Sie demnächst zu einem Superfood-Abend einladen.

Benötigte Hilfsmittel
Für die Zubereitung sind nicht viele Hilfsmittel notwendig. Wichtig sind ein scharfes Messer, ein Sparschäler und ein großes Brett – über diese Grundausstattung verfügen die meisten Küchengötter glücklicherweise ohnehin.

Definition von Superfoods

Es gibt (leider) keine einheitliche Definition, was Superfoods sind. Die gute Nachricht aber folgt sogleich, denn Superfoods lassen sich dennoch einfach beschreiben: Es sind Lebensmittel mit einer besonders hohen Dichte an Nährstoffen. Konkret bedeutet das, dass sie eine überdurchschnittlich hohe Menge an Vitaminen, Mineralstoffen und anderen biologisch aktiven Substanzen enthalten. Damit haben sie anderen Lebensmitteln etwas voraus: den großen Nutzen für die Gesundheit und für das Wohlbefinden. Superfoods sind damit nicht nur Nahrungsmittel, sondern können auch Heilmittel und Medizin sein.

Einzige Ausnahme: Für die Zubereitung der grünen Smoothies empfiehlt sich ein leistungsstarker Mixer, der mit seiner Power die Zellulose des Blattgrüns so aufspalten kann, dass sie vom Körper einfach und schnell aufgenommen werden kann. Ein solcher Hochleistungsmixer ist sicher eine Investition, die sich auf lange Sicht aber lohnen wird. Bis dahin leisten aber auch eine Küchenmaschine, ein Standmixer oder ein Pürierstab gute Dienste. Diese kommen auch immer dann zum Einsatz, wenn in den Rezepten Zutaten püriert werden.

Schonendes Entsaften

Zum schonenden Entsaften ist eine Handpresse oder Maschine, die Obst, Gemüse und Gräser langsam auspresst, zu empfehlen. Bei Saftpressen mit einer schnellen Zentrifuge werden die wichtigen Nährstoffe, Mineralien und Enzyme zerstört, weshalb ich Ihnen davon abraten würde. Ein Muss ist die Investition in einen hochwertigen Entsafter für die Rezepte in diesem Buch natürlich nicht. Wenn Sie aber Gefallen an frischen Säften finden, rentiert sich der Kauf auf lange Sicht für Sie sicher.

Die Stars von zu Hause

Hätten Sie gewusst, dass Blaubeeren gut gegen Falten sind? Und Walnüsse gut für die Nerven? Auf den nachfolgenden Seiten werden die Superkräfte der Superfoods ausführlich vorgestellt.

Nun aber zu den Stars dieses Buches, den local Superfoods. Dazu zählen:

- Himbeeren und Blaubeeren
- Sanddorn
- Kräuter und Wildkräuter
- Grünkohl
- Gersten- und Weizengras
- Sprossen
- Rote Bete
- Süßkartoffeln
- Avocado
- Süßlupine
- Kresse und Brunnenkresse
- Nüsse wie Mandeln
- Walnüsse und Cashewkerne
- Hanfsamen
- Amaranth und Quinoa

So gut für mich

Neuen Trends gegenüber bin ich erst einmal skeptisch. Sie auch? Keine Sorge, ich will Ihnen nicht erzählen, dass Superfoods eine völlig neuartige Erfindung sind. Dennoch machen wir uns alle Gedanken über unsere Gesundheit und die Nahrungsmittel, die bei uns auf dem Teller landen. Warum also nicht auf solche Lebensmittel zurückgreifen, die besonders gut für uns sind? »Du bist, was du isst« ist ein Satz, der viel Wahrheit enthält. Vielleicht sagen Sie nach dieser ausführlichen Beschäftigung mit Superfoods sogar: »Mein Kühlschrank ist die beste Apotheke.«

kommt ohnehin von innen, aber das ist noch mal eine gute Bestätigung, dass Superfoods wirklich wirken.

Deshalb: Trend hin oder her. Probieren Sie es einfach mal aus. Zu verlieren gibt es nichts, zu gewinnen ganz viel. Und ist es nicht toll, Verantwortung für die eigene Gesundheit und das eigene Wohlbefinden zu übernehmen?

Superfoods selbst anbauen

Selbst Obst, Gemüse oder Kräuter zu ziehen, macht nicht nur Spaß, sondern auch hier tun Sie wieder etwas Gutes für die Gesundheit und die Umwelt. Es fällt nicht nur der Transport komplett weg – frischer als aus eigenem Anbau kann Essen nicht auf den Tisch kommen.

Sie werden vielleicht überrascht sein, wie leicht man Grünkohl, Sprossen, Kräuter, Gersten- und Weizengras, Rote Bete, Brunnenkresse und Kresse, aber auch Beeren selbst anbauen kann – für einige braucht man einen Garten oder ein Beet, für andere nur einen Topf auf dem Balkon oder der Fensterbank.

Superboost

Ein fester Bestandteil meines eigenen Speiseplans sind Süßkartoffeln, Avocado, Blattgrün und Beeren. Die mochte ich schon immer – auch als ich noch nicht ahnte, dass in ihnen besondere Superkräfte stecken. Seit ich weiß, mit welchen Sorten Obst und Gemüse ich meiner Ernährung einen noch größeren Boost geben kann, setze ich Superfoods viel bewusster und noch häufiger ein. Das Ergebnis ist spürbar und kann sich durchaus sehen lassen. Ich fühle mich fit und leistungsfähig, bin ausgeglichen und meinem Freundeskreis fällt mein frisches Aussehen immer wieder positiv auf. Schönheit

Himbeeren

Saison: Zwischen Mai und Oktober sind frische Himbeeren erhältlich – die eigentliche Hochsaison für deutsche Freilandhimbeeren ist aber Juli und August – wenn der Sommer früh beginnt, auch schon der Juni. Die Früchte kann man entweder selbst einfrieren oder ganzjährig als Tiefkühlware im Bioladen kaufen.

Herkunft: Die Himbeere gehört zur Familie der Rosengewächse. Anders als der Name vermuten lässt, sind Himbeeren Sammelsteinfrüchte und keine Beeren. Der Anbau von Himbeersträuchern ist sowohl in Ländern mit gemäßigtem Klima bis hin zu warmen Regionen im Mittelmeerraum üblich. Die Früchte sind so empfindlich, dass sie von Hand geerntet werden. In Deutschland zählen Himbeeren zu den ältesten Kulturfrüchten und schon Hildegard von Bingen nahm die gesundheitsförderliche Wirkung der Früchte in ihre Ernährungslehre auf.

Superpower: Die Früchte sind vollgepackt mit wertvollen Vitaminen, Spurenelementen und sekundären Pflanzenstoffen.

Ein Superfood, weil: Die Himbeere hat einen hohen Gehalt an den Vitaminen A, B und C sowie Biotin, Gerbstoffen, Fruchtsäuren, Kalium, Phosphor, Kalzium und Magnesium. Sie hemmt Entzündungen, wirkt blutreinigend und adstringierend. Sie stimuliert das Abwehrsystem des Körpers, wirkt gegen Krebs und unterstützt das Immunsystem. Die Früchte regen darüber hinaus den Stoffwechsel an und helfen bei Verdauungsstörungen, Sodbrennen und Blasen- und Nierenleiden. Für Frauen besonders interessant: Die Früchte regulieren den weiblichen Zyklus und können sogar die Geburt erleichtern.

Zubereitung: Frisch vom Strauch gepflückt oder vom Wochenmarkt sind Himbeeren direkt aus der Schale gefuttert allein schon der pure Genuss, der nach Sommer schmeckt. Sie passen aber auch in Smoothies oder zu Pflanzenmilch, machen sich hervorragend in Kuchen oder Eis. Aber auch als Dressing oder einfach über Salat gestreut schmecken die roten Früchte sehr gut.

Aufbewahrung: Trockene Früchte können einige Tage im Kühlschrank aufbewahrt werden. Matschige und faule Früchte vorher aussortieren und eher

nebeneinander als aufeinander in eine Schale oder einen Teller geben. Da Himbeeren empfindlich sind, nur im stehenden Wasser reinigen.

Selbst anbauen: Was gibt es Schöneres, als die ersten Himbeeren aus der Region auf dem Wochenmarkt zu entdecken, diese wie einen kleinen Schatz nach Hause zu transportieren und jede der aromatischen Beeren mit Genuss zu verspeisen? Das kann nur davon überboten werden, Himbeeren selbst zu pflücken. Am besten im eigenen Garten, aber auch auf dem Balkon wachsen die Beeren. Viel Platz brauchen Sie hierfür nicht, denn schon einen kleine Anbaufläche reicht für eine erfolgreiche

Ernte aus. Wenn Sie im Garten im Beet Platz für ausgedehnte Reihen von Ruten haben, können Sie sich über einen großen Ertrag freuen. Für den eigenen Bedarf reicht aber auch schon ein Topf oder Kübel aus. Dieser muss auch nicht unbedingt im Garten stehen, auch auf dem Balkon oder der Terrasse wachsen die Beeren. Dabei mögen sie es sonnig mit ein wenig Schatten. Zu beachten gilt: Sommertragende Himbeeren im Frühjahr oder Sommer einpflanzen. Wenn Sie ebenfalls Herbst-Himbeeren pflanzen, können Sie sich vom Sommer bis zum Herbst über eigene Beeren freuen. Herbst-Himbeeren wachsen – im Gegensatz zu Sommer-Himbeeren – frei und nicht an Ruten.

Blaubeeren

Saison: Von Juni bis September können reife Blaubeeren geerntet werden. Die Früchte kann man entweder selbst einfrieren oder ganzjährig als Tiefkühlware im Bioladen kaufen.

Herkunft: Blaubeeren, oder auch Heidelbeeren, gehören zur Familie der Heidekrautgewächse. Bei uns ist häufig die Kulturheidelbeere zu finden, die aus einer Züchtung der nordamerikanischen Wildheidelbeere hervorgegangen ist. Die heimischen Anbaugebiete liegen in der Lüneburger Heide, in Brandenburg und in Süddeutschland.

Superpower: Die in Blaubeeren enthaltenen Anthocyane wirken antioxidativ und gleichzeitig entzündungshemmend.

Ein Superfood, weil: Die enthaltenen Anthocyane helfen dem Körper dabei, freie Radikale abzufangen und sie gleichzeitig zu neutralisieren – das kann sogar den vorzeitigen Alterungsprozess der Haut aufhalten. Die Vitamine C und E sorgen mit ihrer ebenfalls antioxidativen Wirkung für die Produktion von Kollagen, damit wird die Haut von innen sozusagen aufgepolstert. Weitere gute Inhaltsstoffe der Blaubeere sind wertvolle Fruchtsäuren, Magnesium, Eisen, Gerbstoffe, Karotin und Vitamin B_6.

Zubereitung: Als Eis, als Shake oder Kompott und natürlich frisch gepflückt – die süßen Beeren schmecken immer lecker.

Aufbewahren: Die kleinen blauen Beeren sind empfindlich und sollten möglichst schnell verzehrt werden. Sie können auch eingefroren werden.

Selbst anbauen: Für ein gesundes Wachstum brauchen Blaubeeren einen sauren Boden oder gar ein Moorbeet und viel Wasser während ihrer Wachstumszeit. Aber auch wenn Sie keinen sauren Boden haben, müssen Sie nicht darauf verzichten, ihre eigenen Superbeeren anzupflanzen. Auch in einem Topf mit Moorbeeterde gedeihen Blaubeeren ganz hervorragend – darüber können sich Menschen mit einem Balkon oder kleineren Garten freuen. Der ideale Zeitpunkt zum Einpflanzen: im Frühjahr, wenn der Boden noch feucht ist. Noch besser aber ist Spätsommer bis Herbst und sogar der Spätwinter.

Der Star in meiner Küche: Vor ein paar Jahren war ich im Sommer zu Besuch bei einer Freundin in München. Sie servierte mir ein liebevoll angerichtetes Frühstück auf ihrem Balkon. Die Sonne schien, der Himmel war blau – richtiges Kaiserwetter. Unter anderem stand eine große Schale mit Blaubeeren auf dem Tisch. Ich war den dunklen Beeren gegenüber skeptisch. Bis dahin waren Himbeeren meine Favoriten und alle anderen Beeren ließ ich meist links liegen. Meine Freundin bestand darauf, dass ich wenigstens eine probierte – sie schwärmte von den Antioxidanzien, die in den Beeren stecken, und wie gut diese für unsere Haut sind. Also gab ich nach und war überrascht vom süßen Geschmack. Meine Freundin war zufrieden und neben Himbeeren wandern nun auch gerne Blaubeeren in meinen Einkaufskorb.

Sanddorn

Saison: Zwischen August und Dezember sind die Sanddornbeeren reif.

Herkunft: Sanddorn gehört zur Familie der Ölweidengewächse und wächst in Deutschland vorwiegend auf Norderney, in Brandenburg, im Schwarzwald und in Mecklenburg-Vorpommern. Ursprünglich stammt die Pflanze aus Nepal und hat sich von dort aus nach Ost- und Westasien, Sibirien und China ausgebreitet. Über unsere heimischen Grenzen hinaus findet man Sanddorn in Mitteleuropa, England und Skandinavien. Der bevorzugte Wuchsort des Sanddornstrauches sind Dünengebiete am Meer.

Superpower: Der hohe Gehalt an Vitamin C macht die gelbe Beere zum Powerfood und stärkt das Immunsystem.

Ein Superfood, weil: Sanddorn wirkt dank Vitamin A, B, C und E sowie dem natürlichen Farbstoff (Karotinoide) und den sekundären Pflanzenstoffen (Flavonoiden) abwehrstärkend, entzündungshemmend, cholesterinsenkend und krebsvorbeugend. Freie Radikale werden neutralisiert und die Haut vor vorzeitiger Alterung geschützt. Die Mineralstoffe Zink, Eisen, Kupfer, Magnesium, Kalium und Kalzium versorgen den Körper mit wichtigen Vitalstoffen, die schützen und gesund halten.

Zubereitung: Die gelben Beeren sind von Natur aus recht sauer – in Marmelade oder Chutney wird diese Säure zur feinen Geschmacksnote.

Aufbewahrung: Die Sanddornbeeren rasch nach der Ernte verarbeiten, trocknen oder einfrieren. Wenn sie mit Metall in Berührung kommen, verändern sich durch Oxidation Farbe und Geschmack – das sollte möglichst vermieden werden.

Selbst anbauen: Das Wildobst lässt sich auch in den heimischen Garten holen. Vor dem Einpflanzen muss man einiges beachten, die Sträucher selbst sind dagegen sehr pflegeleicht, da sie weder gewässert noch gedüngt werden müssen. Auch für Schädlinge oder Krankheiten sind die Pflanzen nicht anfällig. Für ein erfolgreiches Wachstum brauchen die Sträucher ausreichend großen und freien Raum, sie können bis zu 6 Meter in die Höhe wachsen. Darüber hinaus sollten sie nicht von ande-

ren Bäumen beschattet werden – ideal für das Wachstum ist deshalb die Südlage. Der Boden sollte nicht allzu sauer sein und mit ausreichend Sand vermischt werden.

Auch nach unten brauchen die Sträucher ausreichend Platz: Ihr Wurzelwerk kann bis zu 3 Meter tief in die Erde wachsen. Mit sogenannten Wurzelsperren halten Sie die Sträucher davon ab, sich in die Weite auszubreiten und dort möglichweise artfremde Pflanzen zu verdrängen. Da nur die weiblichen Sträucher Früchte tragen, braucht

es neben weiblichen Sträuchern unbedingt einen männlichen Pollenspender. Hier gibt es noch einmal etwas Wichtiges zu beachten: Der männliche Strauch muss so gepflanzt werden, dass die Pollen mit dem Wind zur Bestäubung in Richtung der weiblichen Sträucher getragen werden. Ab Mitte August bis Mitte September können die Früchte geerntet werden. Je nach Sorte kann sich das dank der Dornen schwieriger bis einfach gestalten. Tragen Sie bei der Ernte Handschuhe oder warten Sie ab, bis die Beeren von den Sträuchern geschüttelt werden können.

Grünkohl

Saison: November bis März

Herkunft: Grünkohl gehört zur Familie der Kreuzblütengewächse und ist eine Zuchtform des Kohls. In Griechenland und Italien wurde Grünkohl schon im 3. Jahrhundert vor Christus angebaut, in Deutschland tritt er nachweislich zum ersten Mal im 16. und 17. Jahrhundert auf. Heute wird Grünkohl vorwiegend in Mittel- und Westeuropa, Nordamerika sowie Ost- und Westafrika angebaut.

Superpower: Grünkohl enthält lebenswichtige und antioxidativ wirkende Vitamine, Mineralstoffe und essenzielle Aminosäuren. Darüber hinaus stecken Ballaststoffe und sekundäre Pflanzenstoffe in diesem Kohl.

Ein Superfood, weil: Grünkohl liefert reichlich Kalzium, Kalium, Magnesium und Eisen, und dazu kommen noch hohe Vitamin-K- und Folsäuremengen (von Folsäure nehmen wir in der Regel zu wenig auf, daher sollte man viel grünes Gemüse essen). Vitamin K hemmt entzündliche Prozesse im Körper und schützt damit vor schädlichen Umwelteinflüssen. Darüber hinaus liefert Grünkohl doppelt so viel Vitamin C wie Zitronen oder Orangen! In Grünkohl stecken zudem überlebenswichtige Omega-3-Fettsäuren, die entzündungshemmend wirken, was den Körper vor chronischen Krankheiten schützt. Zudem liefert Grünkohl hohe Konzentrationen von Antioxidanzien, die einen wichtigen Beitrag zur Krebsvorsorge leisten und als Schutzschild gegen zahlreiche Erkrankungen dienen. Sein hoher Chlorophyll-Gehalt begünstigt die Hämoglobinbildung im Blut und verbessert die Sauerstofftransportkapazität des Blutes, was die Reinigung der Leber, des Magens und der Bauchspeicheldrüse begünstigt. Darüber hinaus wirken sich die enthaltenen Ballaststoffe positiv auf die Verdauung aus und haben einen cholesterinsenkenden Effekt: Wer viel Grünkohl isst, kann damit seine Blutfettwerte senken und das Herz-Kreislauf-System positiv beeinflussen. Nicht zuletzt ist Grünkohl sehr eisen- und eiweißhaltig, so dass er auch als das »Rindfleisch« unter den Gemüsen bezeichnet wird.

Zubereitung: Grünkohl strotzt nur so vor Vital-Power und es ist höchste Zeit, dass er die Beachtung bekommt, die ihm zusteht. Gerade im kargen Winter versorgt Grünkohl den Körper mit vielen wertvollen Nährstoffen und hält ihn gesund und vital. Diese Nährstoffe bleiben vor allem bei einer schonenden Zubereitung enthalten: Mit Grünkohl lässt sich ein einfacher, aber schmackhafter Salat zubereiten, und Grünkohlchips (Seite 92) sind ein schneller, aber nahrhafter Snack. Herzhaft geht natürlich auch, beispielsweise als Pesto oder zusammen mit einer gebackenen Süßkartoffel. In grüne Smoothies (Seite 56) und frische Säfte passt Grünkohl auch ganz wunderbar, im Rezeptteil befindet sich sogar eine Anleitung für Eis mit Grünkohl (Seite 116).

Aufbewahrung: Im Kühlschrank hält sich Grünkohl bis zu 5 Tage. Er kann auch eingefroren werden, dann sollte man ihn vor der Weiterverarbeitung kurz blanchieren. Da Grünkohl mit seinen langen Stängeln und großen Blättern oft ein wenig unhandlich ist, empfiehlt sich das Waschen und Abzupfen oder Abschneiden der Blätter von den Stängeln, bevor Sie ihn im Kühlschrank verstauen. Auf dem Wochenmarkt kann man auch schon fertig geputzten Grünkohl kaufen und sich damit etwas Arbeit sparen.

Der Star in meiner Küche: Es ist noch gar nicht so lange her, dass ich zum ersten Mal Grünkohl in einem Restaurant probiert und danach selbst zubereitet habe. Bei aller Abenteuerlust in der Küche war ich den großen krausen Blättern gegenüber immer skeptisch. Mein erstes Gericht war der klassische Grünkohlsalat (Seite 85), der auch hier im Buch zu finden ist. Der hat mir so gut geschmeckt, dass es wochenlang jeden Tag eine riesige Schüssel davon zum Mittagessen gab. Dank dieser Sucht war ich sicher in meinem Bioladen den ganzen Winter als die Frau bekannt, die ständig den ganzen Grünkohl aufkaufte.

Grünkohl selbst anbauen

Mit dieser Kohlsorte kommt man prima über den Winter:
Grünkohl bringt auch im kargen Winter reichen Ertrag und
wird durch Frost sogar noch feiner.

Der Anbau von Grünkohl ist – im Gegensatz zu anderem Kohlgemüse – wenig anspruchsvoll und außerdem unkompliziert in der Pflege. Einen ganz großen Vorteil hat sein Anbau darüber hinaus in der kargen Winterzeit, in der man normalerweise nicht viel Eigenes ernten kann: Der gegen Kälte robuste Kohl beschert jedem Urban Gardener einen reichen Ertrag.

Sorten

4 verschiedene Sorten stehen zur Auswahl, die bei uns alle gut gedeihen. Je nach Geschmack können Sie zwischen diesen Sorten wählen:

• dem dunkelgrünen Cavolo Nero mit runzligen Blättern,
• der alten dunklen Sorte Nero di Toscana mit ebenfalls runzligen Blättern,
• Redbor mit den violetten Stielen und krausen Blättern sowie
• Starbor mit hellen, stark gekräuselten Blättern, die man am besten abnimmt, wenn sie jung und zart sind. (Starbor ist auch die Sorte, die in diesem Buch in den Rezepten verwendet wird.)

Boden und Platz: Für den erfolgreichen Anbau von Grünkohl benötigen Sie ausreichend Platz im Beet und einen möglichst nährstoffreichen und luftdurchlässigen Boden.

Aussaat: Im April können Sie mit der Aussaat der Samen beginnen. Dazu

kleine Töpfe mit Erde füllen und 2 bis 3 Samen etwa 1 cm tief in die Erde geben. Mit ein wenig Wasser begießen.

Auspflanzen: Ende Mai (spätestens aber im August) und wenn die Wurzeln der Sämlinge den Topf ausfüllen, können Sie den Grünkohl ins Beet pflanzen. Zuvor sollte das Beet gut durchgeharkt und von Unkraut befreit werden. Die einzelnen Sämlinge jeweils mit einem Abstand von etwa 50 cm nebeneinander einpflanzen, gut eindrücken und großzügig gießen. Zum Schutz vor Kohlfliegen kann der Wurzelhals mit einem Pappkragen bedeckt werden.

Pflege: Die kopflastigen Pflanzen können eine Höhe von 1 Meter erreichen und sollten in dem Fall mit einem Holz- oder Bambusstab gestützt werden. Grünkohl braucht ausreichend Wasser und Dün-

ger, um prächtig zu gedeihen und sich gegen Schädlinge zu wehren. Vergilbte Blätter sollten entfernt werden.

Ernte: Ab November und wenn sie groß genug sind, können die Grünkohlblätter geerntet werden. Die inneren Blätter der Rosette sind zarter, die äußeren zäher. Werden allerdings zu viele der jungen Blätter entfernt, schwächt das die Pflanze. Wenn Sie alle paar Tage ein paar Blätter ernten, wächst genug nach, so dass Sie sich lange am Ertrag erfreuen können.

Gut zu wissen

Grünkohl mag Frost, denn nach der ersten Einwirkung von Frost lockert sich die Zellstruktur der Blätter und sie bekommen einen feineren Geschmack – perfekt für den Frühstücks-Smoothie.

Rote Bete

Saison: Ursprünglich war die Rote Bete ein Wintergemüse mit Ernte von Oktober bis zum ersten Frost, heute ist sie ganzjährig erhältlich.

Herkunft: Rote Bete, auch Rote Rübe genannt, gehört zur Familie der Fuchsschwanz- oder Rübengewächse. Sie ist mit Zuckerrübe und Mangold verwandt und wie diese eine Kulturform der Gemeinen Rübe. Ursprünglich stammt sie aus dem Mittelmeerraum und kam mit den Römern nach Mitteleuropa. Im 19. und 20. Jahrhundert wurde sie durch Züchtung veredelt; das Resultat ist ihre gleichmäßig rote Farbe. Angebaut wird sie vor allem in Ländern mit gemäßigtem Klima, bei uns in Deutschland ist sie weiterhin ein typisches Wintergemüse. Die Rote Bete ist eine zweijährige Pflanze: Im ersten Jahr wird die Knolle, die Frucht der Pflanze, gebildet, im zweiten Jahr der Stängel mit Blütenstand – bei der Ernte ragt der größte Teil der Knolle aus der Erde.

Superpower: Knolle und Blätter sind reich an Vitaminen und Mineralstoffen. Da Rote Bete von Natur aus einen hohen Nitratgehalt aufweist, hat der frische Saft der Roten Bete eine blutdrucksenkende, weil gefäßerweiternde Wirkung. Nitrat gilt in üblichen Mengen für den Menschen als unbedenklich. Als Schadstoff ist Nitrat wegen der Umwandlung in Nitrit eher von Bedeutung. Nitrat kann zu Nitrit umgewandelt werden, wenn beispielsweise zubereitetes Gemüse lange warm gehalten wird und/oder häufiger wieder erhitzt wird. Deswegen sollte man Reste von Rote-Bete-Gerichten im Kühlschrank aufheben und nicht die ganze Portion erhitzen, sondern nur das, was man auch tatsächlich essen möchte. Sprich: nicht unnötig lange warmhalten und nicht mehrfach wieder erhitzen (das Gleiche gilt übrigens auch für Spinat). Rote Bete wirkt sich ferner positiv auf die Reinigung des Darms, auf die Wundheilung und Stärkung der Abwehrkräfte aus.

Ein Superfood, weil: Die rote Knolle hat es in sich: Rote Bete liefert reichlich Folsäure. Schwangeren und Menschen, die sich in Heilungsprozessen befinden, kommt der hohe Folsäuregehalt besonders zugute. Ferner stecken in den roten Knollen die Vitamine A, B und C sowie Kalzium, Eisen, Jod, Kalium, Magnesium, Natrium und Phosphor. Auch

der sekundäre Pflanzenstoff Betain ist für die Superpower der Roten Bete verantwortlich, denn er stimuliert die Leberzellen und hilft, die Gallengänge gesund zu halten. Damit wird eine gesunde Verdauung sowie das Ausscheiden von Giftstoffen unterstützt. Auch auf das Gemüt wirkt sich Rote Bete aus, denn Betain kann als Stimmungsaufheller den Serotoninspiegel erhöhen. Darüber hinaus sind auch die Blätter voll mit wertvollen Nährstoffen: Sie enthalten Kalzium, Vitamin A und C sowie Vitamin K.

Zubereitung: Genau wie die Wirkungsweise der Roten Bete vielseitig ist, so ist es auch ihr Einsatz in der Küche. Ob frisch gepresst als Saft, als Salat, Carpaccio (Seite 80) mit Walnüssen oder als Suppe (Seite 77) – hat man den Geschmack der Knolle erst einmal lieb-

gewonnen, möchte man sie auf dem Teller nicht mehr missen. Und nicht vergessen: Auch die Blätter verwenden! Sie passen hervorragend in grüne Smoothies, in frische Säfte und in Salat.

Aufbewahrung: Rote Bete kann, wenn sie vor Licht und Kälte geschützt wird, gut über die Wintermonate hinweg gelagert werden.

Selbst anbauen: Rote Bete eignet sich sehr gut für den eigenen Anbau im Beet oder Topf. Ausgesät wird im Frühling und Sommer, nach 12 bis 16 Wochen kann geerntet werden. Gestartet werden kann mit Jungpflanzen oder auch Samen, ganz nach den eigenen Vorlieben. Der Anbau gestaltet sich einfach, denn die Knollen haben keine besonderen Ansprüche an den Boden und wachsen auch auf kleinem Raum.

Süßkartoffel

Saison: Die wärmeliebende Süßkartoffel wird ganzjährig angebaut und ist damit bei uns jederzeit erhältlich.

Herkunft: Die Süßkartoffel, auch Batate genannt, gehört zur Familie der Windengewächse. Mit der Kartoffel, einem Nachtschattengewächs, hat sie – neben ähnlichen Zubereitungsmöglichkeiten – nur gemeinsam, dass sie als Knolle im Boden wächst. Ursprünglich stammt die Süßkartoffel aus Mittel- und Südamerika. Von dort gelangte sie mit dem Schiff nach Afrika und schlussendlich auch nach Europa. Ihr Anbau findet heute in Ländern mit warmem und gemäßigtem Klima, wie Amerika, Afrika, China, Brasilien, Israel und auch Italien, Spanien und Portugal, statt.

Superpower: Caiapo, ein Stoff, der hauptsächlich in der Schale der Süßkartoffel steckt, wirkt sich positiv bei Diabetes und hohen Cholesterinwerten aus.

Ein Superfood, weil: Die in der Süßkartoffel enthaltenen Carotinoide und Anthocyane, sekundäre Pflanzenstoffe, sind hochwirksame Antioxidanzien, die Entzündungen vorbeugen und vor Krankheiten schützen. Schwangere und Frauen mit Kinderwunsch können sich über den hohen Anteil an Folat freuen, der für eine gesunde Entwicklung der Embryozellen und des Embryonalgewebes sorgt. Auch das in der Knolle enthaltene Kalium wirkt sich positiv auf die Gesundheit aus: Es schützt vor Herzinfarkt und Schlaganfällen, stärkt die Muskulatur, lindert Krämpfe und wirkt Stress entgegen. Durch die hohe Dichte an Ballaststoffen sorgt die Süßkartoffel zusätzlich für eine gesunde Verdauung und hilft gegen Verstopfungen.

Zubereitung: Auch wenn die Süßkartoffel nicht mit der Kartoffel verwandt ist, ähneln sich die Zubereitungsarten sehr. Besonders Kinder mögen ihren süßlichen Geschmack, und an der Vielzahl der Rezepte mit Süßkartoffel im Rezeptteil ist gut zu sehen, wie viele unterschiedliche Einsatzmöglichkeiten es für dieses Superfood gibt. Pommes, Chips, Suppe oder Püree mit Süßkartoffeln sind schnell und einfach gemacht. Auch als Belag für Pizza (Seite 108) eignet sich die Knolle und sogar zum Backen von Brownies (Seite 120) kann sie verwendet werden.

Aufbewahrung: Kühl, trocken und vor Licht geschützt lagern. Durch ihren Wassergehalt sind Süßkartoffeln aber nur bedingt lagerfähig.

Selbst anbauen: Der Anbau dieser tropischen Knolle kann mit den richtigen Voraussetzungen auch in unseren Gefilden funktionieren. Unbedingt braucht es dazu einen warmen und langen Sommer. Darüber hinaus braucht man ein Beet mit sonnigem bis halbschattigem Standort. Wichtig ist hier, auf die Feuchtigkeit des Bodens zu achten, denn die Pflanze braucht viel Wasser zum Wachsen. Gesät wird im Frühjahr, die Ernte erfolgt im September oder Oktober und noch vor dem ersten Frost.

Der Star in meiner Küche: Erinnern Sie sich noch an die Zeit, in der Kürbis plötzlich zum Trendgemüse wurde? Zu dieser Zeit entdeckte ich die Süßkartoffel für mich. Anfänglich landete sie gemeinsam mit Kartoffeln, Kürbis und Karotten im Ofen. Gemischtes Ofengemüse ist aber auch wirklich ein tolles, unkompliziertes und vor allem sehr schnell zubereitetes Gericht. (Dazu habe ich übrigens neulich einen tollen Tipp bekommen: Die Reste mit einer Gabel zerdrücken und auf ge-

toastes Brot streichen – köstlich!) Endgültig zum glühenden Fan wurde ich aber, als ich zum ersten Mal Süßkartoffelpüree mit einem Schuss Kokosmilch gekocht habe. Egal in welcher Form: Es vergeht keine Woche, in dem die Batate nicht mindestens einmal auf meinem Speiseplan steht. Wie groß aber meine Begeisterung tatsächlich ist, habe ich bemerkt, als ich den Rezeptteil für dieses Buch entwickelt habe: Ich hätte das Buch auch allein mit Rezepten rund um Süßkartoffeln füllen können. Ich hoffe, ich kann Sie ein klein wenig mit meinem Enthusiasmus für die orangefarbenen Knollen anstecken.

Brunnenkresse und Kresse

Saison: Brunnenkresse kann ganzjährig geerntet werden.

Herkunft: Brunnenkresse, auch Wasserkresse genannt, gehört zur Familie der Kreuzblütengewächse und ist vorwiegend an feuchten Standorten zu finden. Schon im Mittelalter war Brunnenkresse als Heilkraut und Nahrungsmittel bekannt, seine ursprüngliche Heimat liegt aber in Südosteuropa und Asien. Leider kommt sie in freier Natur aufgrund von Umweltverschmutzung immer seltener vor, da sie nur an sauberen Gewässern wächst.

Superpower: Die blutreinigende und blutbildende Wirkung von Brunnenkresse macht sie zu einem wirksamen Heilkraut.

Ein Superfood, weil: Brunnenkresse enthält Vitamin A, B_1 und B_2, C und E, Mineralstoffe wie Phosphor, Eisen, Natrium, Kalium und Kalzium sowie Gerbstoffe, Bitterstoffe und einen hohen Anteil Jod. Sie fördert den Stoffwechsel, wirkt antibakteriell, regt den Appetit an und ist mit ihrer harntreibenden Wirkung gut für die Funktion von Blase und Nieren. Besonders beliebt ist Brunnenkresse für die Entgiftung, die sich wiederum positiv auf das Hautbild auswirken kann.

Kresse

Saison: Frühjahr bis Herbst. Inzwischen ist Kresse aber bei uns ganzjährig erhältlich.

Herkunft: Kresse, auch Gartenkresse genannt, ist eine Kulturpflanze und gehört zur Familie der Kreuzblütengewächse. Ihr Ursprung wird in Asien vermutet, dort ist sie auch heute noch in der freien Natur zu finden. Kresse wächst weltweit unter fast allen Bedingungen, auch auf der heimischen Fensterbank.

Superpower: Mit Vitamin B und C, Eisen, Kalzium und Folsäure liefert Kresse auch in kargen Wintermonaten die Energie von frischem Grün. Ihre Schärfe und Würze bekommt sie von den darin enthaltenen Senfölglykosiden.

Ein Superfood, weil: Kresse hilft beim Aufbau von Knochen und Bindegewebe. Darüber hinaus fördert sie die Blutbildung. Mit ihrem hohen Gehalt an Vitamin C ist sie besonders empfehlenswert im Winter und kann sogar vorbeugend gegen Frühjahrsmüdigkeit wirken.

Zubereitung: Brunnenkresse und Kresse passen mit ihrer würzigen Note in jeden Salat oder aufs Brot.

Kresse selbst anbauen

Kresse selbst zu ziehen, ist sehr einfach und dauert nicht lange. Sie brauchen: einen Teller, Küchenpapier oder Watte und eine Ecke in Ihrer Küche, in der die Kresse ohne direkte Sonneneinstrahlung wachsen kann. Kressesamen sind beispielsweise im Bioladen erhältlich.

1. Schnappen Sie sich einen mittelgroßen Teller oder eine Keimschale.
2. Das Küchenpapier oder die Watte befeuchten und auf den Teller geben.
3. Die Samen auf das feuchte Küchenpapier oder die Watte streuen.
4. Die keimende Kresse 2-mal am Tag mit Wasser besprühen.
5. Nach etwa 6 Tagen ist die Kresse verzehrfertig.

Brunnenkresse selbst anbauen

Ideal ist es, wenn Sie einen Teich im Garten haben und an dessen Ufer Samen oder Setzlinge pflanzen können. Aber auch ohne Teich können Sie bald eigene Brunnenkresse ernten. Der ideale Zeitraum zum Pflanzen ist Mai bis Juli.

1. Sie brauchen einen wasserdichten Topf oder ein anderes Pflanzgefäß sowie einen hellen und sonnigen Standort. Das Gefäß eventuell mit wasserdichter Folie auslegen, dann mit Erde befüllen.
2. Die Samen oder Setzlinge in die Erde setzen.
3. Täglich mit frischem Wasser großzügig wässern.
4. Wenn die Brunnenkresse etwa 10 cm hoch ist, kann sie geerntet und sofort verzehrt werden.

Sprossen

Saison: Sprossen sind das ganze Jahr über erhältlich und können auch leicht selbst gezogen werden.

Herkunft: Was umgangssprachlich als »Sprosse« bezeichnet wird, sind genau genommen Sprossengemüse oder Keimsprossen. Die botanisch korrekte Bezeichnung lautet »Sämling«. Dabei handelt es sich um die jungen Austriebe einer Pflanze, sozusagen ihr erstes Entwicklungsstadium. In der asiatischen Küche finden Sprossen schon seit vielen Tausend Jahren Verwendung. Geeignet zum Keimen sind Samen, Kerne und Körner von essbaren Pflanzen.

Superpower: Sprossen sind vollgepackt mit Vitalkraft und Enzymen, die die Verdauung günstig beeinflussen, den Stoffwechsel ankurbeln und die Regeneration auf zellulärer Ebene fördern.

Ein Superfood, weil: Frischer und vitaler als Sprossen kommt Gemüse nicht auf den Tisch. In den kleinen Power-Keimlingen stecken Vitamin A, B, C und E sowie Proteine, Aminosäuren, Peptide, Spurenelemente, Antioxidanzien und sekundäre Pflanzenstoffe.

Sprossen sind mit ihrem hohen Nährstoffgehalt förderlich für die Regeneration und das Wachstum neuer Zellen. Mit ihrer Anti-Aging-Wirkung halten sie den Körper gesund und vital, fördern eine schnelle Genesung und tragen allgemein zur Leistungssteigerung bei.

Zubereitung: Je frischer Sprossen auf den Tisch kommen, desto besser schmecken sie natürlich. Die Sprossen vor dem Verzehr gut abspülen. Sie können als Topping über Salat und auf belegte Brote gegeben oder zu einem Aufstrich verarbeitet werden.

Aufbewahrung: Die Keimsaaten für Sprossen sollten kühl und dunkel gelagert werden. Die schon gekeimten Sprossen möglichst frisch verzehren. In einem geschlossenen Behälter im Kühlschrank sind Sprossen einige Tage bis zu einer Woche haltbar.

Selbst anbauen: Das Ziehen von Sprossen ist sehr einfach und preiswert, denn man benötigt lediglich die passenden Keimsaaten sowie ein Keimglas oder ein Keimgerät. Besonders für Kinder ist es spannend und lehrreich, das schnelle Wachstum von Sprossen

zu beobachten, und sie können gut bei der Aufzucht mithelfen. Darüber hinaus gibt es keine schnellere, günstigere und einfachere Methode, selbst Superfoods anzubauen. Ein weiteres großes Plus: Sie brauchen dafür weder einen Garten, noch einen Balkon. Eine kleine Ecke in der Küche reicht aus.

1. Die Samen werden über Nacht in einer Schüssel in Wasser eingeweicht.
2. Am nächsten Tag die Samen gut abspülen und in ein Keimglas oder Keimgerät geben.
3. Die keimenden Samen werden mehrmals täglich mit Wasser gespült. Beim Aufziehen in Keimgläsern ist das ganz besonders einfach, denn der Deckel des Glases ist mit Löchern versehen und dient zugleich als Sieb. Je nach Art dauert es zwischen 2 und 14 Tagen, bis Sie die Sprossen »ernten« und verzehren können.

Keimfähige Samen können im Bioladen gekauft werden, geeignet sind beispielsweise Alfalfa, Bockshornkleesamen, Senfsaat (gelb), Mungbohnen, Radieschen, Rettich, Rukola, Brokkolisamen, Sojabohnen, Erbsen und Kichererbsen.

Bei der Zucht und Aufbewahrung von Sprossen unbedingt auf Sauberkeit und Hygiene achten, damit sich keine unerwünschten Keime bilden. Zur Sicherheit können Sprossen für kleine Kinder, Senioren und Menschen mit schwachem Immunsystem vor dem Verzehr kurz blanchiert werden – bei Sojabohnen, Erbsen und Kichererbsen ist dies generell zu empfehlen.

Avocado

Saison: Dank der verschiedenen Herkunftsgebiete und der ortsabhängigen Erntezeiten ist die Avocado bei uns das gesamte Jahr über erhältlich.

Herkunft: Die Avocado gehört zur Familie der Lorbeergewächse und wird inzwischen in über 400 Kultursorten in warmen Klimazonen angebaut. Ursprünglich stammt der Avocadobaum aus Südmexiko, heute wird die Frucht in den Tropen, Südafrika, Israel, Kalifornien, Chile, Australien, Peru, Neuseeland und auch in Spanien angebaut. Bei uns sind vorwiegend die beiden Sorten »Fuerte« mit der glatten grünen Schale und »Hass« mit der dunkelgrün genoppten Schale bekannt.

Superpower: Die Avocado enthält gute Fette in Form von mehrfach ungesättigten Fettsäuren und darüber hinaus B-Vitamine, Vitamin E sowie Eisen, Kalzium, Magnesium, Kalium, Folsäure, Ballaststoffe und Proteine.

Ein Superfood, weil: Von allen Obst- und Gemüsesorten hat die birnenförmige Frucht den höchsten Anteil an Fett, der sich trotz der hohen Kalorienzahl positiv auf die Gesundheit und auf den Cholesterinspiegel auswirkt. Die ungesättigten Fettsäuren liefern Energie, schützen vor Leberschäden und regen sogar die Verbrennung von Fett an. Vitamin E und Eisen sorgen für ein starkes Immunsystem, während Folsäure Herz-Kreislauf-Erkrankungen entgegenwirkt und besonders empfehlenswert für Schwangere ist. Das enthaltene Kalium hält den Magen-Darm-Trakt gesund, regelt den Blutdruck und schützt das Herz.

Zubereitung: Die Avocado ist das Fast Food unter den Superfoods: Halbieren, den Kern entfernen und das reife Fruchtfleisch herauslöffeln – das geht ruckzuck. Sie verleiht Smoothies mehr Cremigkeit oder ist mit Salz und Pfeffer ein köstlicher Brotaufstrich. Aber auch süß kann diese Frucht: mit Kakao wird sie zum dekadenten Dessert (Seite 112) oder als Eis zum gesunden Nachtisch. Ob als Avocado-Mango-Salat (Seite 79), Guacamole (Seite 93), Pesto oder Dressing – der Genuss dieser ölhaltigen Frucht ist garantiert nie mit Reue verbunden.

Aufbewahrung: Ideal ist es, Avocados zu kaufen, die noch hart sind, und diese zu Hause reifen zu lassen. Dazu die Frucht gemeinsam mit Äpfeln in einer Schale aufbewahren, denn das Ethylen der Äpfel sorgt für die Reifung anderer Früchte, so auch bei der Avocado. Noch schneller wird eine Avocado reif, wenn sie gemeinsam mit einem Apfel in eine Papiertüte oder in Zeitungspapier gepackt wird. Bei Avocados ist es ratsam, immer einige Früchte auf Vorrat einzukaufen und einige Tage einzuplanen, bis sie wirklich weich sind. Wenn eine Avocado reif ist, aber noch nicht verzehrt werden kann, wird der Reifeprozess bei der Lagerung im Kühlschrank unterbrochen.

Der Star in meiner Küche: Es gibt Lebensmittel, die findet man immer in meiner Küche. Neben Süßkartoffeln gehört dazu auch die Avocado – dabei ist es sicher kein Zufall, dass diese beiden Power-Pakete sehr gut miteinander harmonieren. Bei fast jedem Einkauf landet eine Avocado in meinem Einkaufskorb, während in meiner Küche bereits einige Früchte auf ihren Verzehr warten. Mein rotierendes System funktioniert normalerweise sehr gut und so findet sich fast täglich eine Avocado in meinem Smoothie am Morgen, in meiner Salatschüssel am Mittag, auf einer Scheibe Brot als Snack oder mit einer Gabel zerdrückt auf Süßkartoffeln aus dem Ofen.

Die Avocado ist definitiv mein ganz persönlicher Superstar. Zwei Tipps für Sie: Zusammen mit Kala Namak (Schwarzsalz) schmeckt Avocado wie hart gekochtes Ei. Dazu 1 Prise Kala Namak auf Avocado-Toast streuen. Wenn Sie nur eine halbe Avocado verzehren, kann die andere Hälfte – die Hälfte samt Kern, denn so wird sie nicht braun – im Kühlschrank aufbewahrt werden.

Süßlupine

Saison: Als fein gemahlenes Mehl oder in grob geschroteter Form sind die Süßlupinensamen das ganze Jahr über verfügbar.

Herkunft: Die Lupine stammt aus der Familie der Schmetterlingsblütler und gehört damit zur selben Familie wie Erbsen, Kichererbsen und Erdnuss. In den 1930er Jahren begann die Zucht der Süßlupine, die im Vergleich zur Lupine einen geringeren Anteil an Bitterstoffen enthält und auch zum Verzehr geeignet ist. Der Anbau in Deutschland ist möglich und erfreut sich als heimische Alternative zu Soja zunehmender Beliebtheit. Aber auch fernab von Deutschland war die Lupine bereits 2000 vor Christus bei den Ägyptern so wichtig wie das Getreide.

Superpower: Die Samen der Süßlupine enthalten hochwertiges Eiweiß, einen hohen Anteil an Mineralien, Antioxidanzien und sämtliche essenzielle Aminosäuren.

Ein Superfood, weil: Das im Samen der Süßlupine enthaltene Eiweiß fördert den Muskelaufbau, steigert Leistungsfähigkeit und Ausdauer. Zudem unterstützt es die Bildung von Körperzellen sowie die Stoffwechselaktivität und steigert die Abwehrkräfte. Die Samen sind reich an Vitamin E sowie Kalium, Kalzium, Magnesium und Eisen. Auch Ballaststoffe sind in der Süßlupine enthalten, die die Darmtätigkeit günstig beeinflussen und damit vor Krankheiten im Verdauungstrakt schützen. Auch eine cholesterinsenkende Wirkung wird dem Verzehr der Samen zugeschrieben.

Zubereitung: Das Süßlupinenmehl eignet sich hervorragend für die Zubereitung von köstlichen Falafeln (Seite 88), während die grob zerkleinerten Samen eine tolle Basis für Hummus (Seite 63) sind. Das Mehl eignet sich als Bindemittel zum Backen und dient damit als guter Ei-Ersatz.

Die heimische Alternative

Tofu (Soja) gilt bei uns – neben Seitan (Weizeneiweiß) – als das Fleischersatzprodukt Nummer eins. Dennoch gibt es viele unterschiedliche Meinungen zu dessen Geschmack und noch mehr Fragen dazu, wie er schmackhaft zubereitet werden kann. Darüber hinaus

reagieren viele Menschen auf das Sojaeiweiß allergisch, und für Menschen mit Glutenunverträglichkeit und Zöliakie kommt zudem der Verzehr von Seitan nicht in Frage. Eine willkommene und bisher eher unbekannte Alternative ist die Süßlupine. Der Schmetterlingsblütler war schon einmal sehr verbreitet und verschwand dann wieder, heute erfreut sich sein Anbau durch die Züchtung von alkaloidarmen Süßlupinensorten wieder steigender Beliebtheit. Ursprünglich enthielten die bohnenförmigen Samen Giftstoffe, die Alkaloide, die das Nervensystem schädigen können. Im alten Ägypten wurden die Bohnen deshalb ausgiebig vor dem Verzehr

gewässert. Nun wachsen drei Sorten auf unseren Äckern: die weiße Lupine, die gelbe Lupine und die blaue Süßlupine. Mit der neuen Züchtung ist der Verzehr unbedenklich und immer häufiger sind Produkte aus Süßlupinen im Bioladen zu finden: Kaffee, Fleischersatz in Form von Bratlingen, Schnetzeln oder Würstchen, Eis und Brotaufstrich. Im Rezeptteil dieses Buches kommt die Süßlupine in zwei verschieden Formen zum Einsatz: als Mehl und als grob gemahlener Schrot. Zuletzt noch ein Hinweis für Menschen, die allergisch auf Erdnüsse reagieren. Bei ihnen kann der Verzehr von Süßlupinen Kreuzallergien auslösen.

Nüsse

Saison: Nüsse sind das ganze Jahr über erhältlich.

Herkunft der verschiedenen Nüsse:
Mandeln: Der Mandelbaum gehört zur Familie der Rosengewächse. Seine Steinfrucht ist die süße Mandel. Seit über 4000 Jahren werden Mandelbäume kultiviert und heute vorwiegend in Kalifornien, im Mittelmeerraum, im Iran und in Pakistan angebaut. Der Mandelbaum blüht im Februar, die Ernte der Früchte erfolgt im Juli. **Walnüsse** sind die Frucht des Walnussbaums, der von den Römern nach Süd- und Mitteleuropa gebracht wurde. Die Walnuss bevorzugt mildes bis warmes Klima, in Europa ist sie deshalb in zahlreichen Ländern zu finden. **Cashewkerne** wachsen am Kaschubaum, den man im Nordosten Brasiliens findet und der zur Familie der Sumachgewächse gehört. Streng botanisch gesehen sind Cashewkerne Steinfrüchte und keine Nüsse. Heute werden die Kerne in Südamerika, Afrika und Indien angebaut.

Superpower: Die in Nüssen enthaltenen wertvollen ungesättigten Fettsäuren wirken positiv auf den Cholesterinspiegel und helfen, Herz- und Kreislaufkrankheiten zu vermeiden. Nüsse sind zudem Powerfood für Gehirn und Nerven.

Zubereitung: Als Snack zwischendurch, geröstet oder über den Salat gestreut. Als Nussmilch (Seite 57) sind sie eine tolle Alternative zu Kuhmilch.

Ein Superfood, weil: Mit ihrem großen Anteil an hochwertigem Eiweiß trägt der Verzehr von **Mandeln** zur Deckung des Proteinbedarfs bei. Sie sättigen schnell, machen aber nicht dick und wirken sich zugleich günstig auf die Cholesterinwerte aus. Mit den Vitaminen B und E sowie den Mineralstoffen Magnesium, Kalzium und Kupfer und der hohen Menge an ungesättigten Fettsäuren verleihen Mandeln schnell Power. **Walnüsse** verfügen über einen hohen Gehalt an essenziellen Omega-3-Fettsäuren. Darüber hinaus ist die Nuss reich an Zink, Kalium, Magnesium, Phosphor, Schwefel, Eisen und Kalzium. Auch die Vitamine A, B, C und E sind in der Baumfrucht zu finden. Ihr Verzehr stärkt die Konzentrationskraft, beeinflusst den Cholesterinwert positiv und hilft dem Körper beim Umgang mit Stress – deshalb gilt die Walnuss als ideale Hirn- und Nervennahrung. Die in der Nuss enthaltenden Antioxidanzien machen sie zudem zu einem wirksamen Helfer bei der Prävention von Krankheiten. **Cashewkerne** sind nicht so fetthaltig wie Walnüsse oder Mandeln, enthalten aber ebenso wertvolle ungesättigte Fettsäuren, die den Blutfettspiegel senken. Magnesium, Kalzium, Eisen und Phosphor sowie Vitamin B und Eiweiß tragen einen wichtigen Teil zur Gesundheit und zum Wohlbefinden bei.

Die Walnuss und unser Gehirn

Vor ein paar Jahren habe ich einen Artikel gelesen, in dem die Vorteile und Wirkungen einiger Lebensmittel beschrieben wurden. Ich war schon immer fasziniert davon, welche Heilkräfte bestimmte Gewürze und Kräuter haben. In besagtem Artikel erfuhr ich etwas Spannendes, und zwar, dass die Wirkung der Lebensmittel oft in deren Aussehen verborgen ist. Wenn Sie beispielsweise eine Karotte in der Mitte zerschneiden und sich das Innere anschauen: Es sieht aus wie ein Auge. Besonders ist mir aber die Walnuss in Erinnerung geblieben: Sie wirkt positiv

auf unsere Konzentration und unser Gedächtnis aus. Wenn Sie genau hinschauen, sieht eine Walnusshälfte auch fast wie ein Gehirn aus. Ist das nicht toll? Seitdem befinden sich immer Walnüsse in meinem Vorratsschrank, damit ich sie jederzeit zur Hand habe, wenn mein Geist einen Boost braucht oder ich mich viel konzentrieren muss. Idealerweise werden Walnüsse und Mandeln vor dem Verzehr in Wasser eingeweicht, um die Bitterstoffe aus der Nuss zu lösen. Danach können Sie sie natürlich wieder trocknen lassen und für unterwegs einpacken.

Gerstengras und Weizengras

Herkunft: Gerste gehört zur Familie der Süßgräser. Ehe die Gerste aufblüht und ihre typische gelbe Farbe annimmt, können ihre jungen grünen Blätter geerntet werden.

Superpower: Mit seinem Reichtum an Mineralstoffen, Antioxidanzien, Spurenelementen, Vitaminen, Bioflavonoiden, Enzymen und Chlorophyll gehört Gerstengras zu den nährstoffreichsten und wertvollsten Lebensmitteln überhaupt.

Ein Superfood, weil: Gerstengras enthält fast alle der 18 lebensnotwendigen Vitamine und darüber hinaus Spurenelemente, Eisen, Kalzium, Zink, Antioxidanzien, sekundäre Pflanzenstoffe, Chlorophyll sowie Proteine und Enzyme. Das Isoflavonoid Isovitexin wurde bisher nur in Gerstengras gefunden, es schützt vor krebserregenden Substanzen und Strahlenschäden. Das nährstoffreiche Gras wirkt Müdigkeit und Erschöpfung entgegen, und Sportler schätzen Gerstengras als pflanzliches Eiweiß zum Aufbau der Muskeln. Die darin enthaltenen Antioxidanzien zerstören freie Radikale und verlangsamen den Alterungsprozess und tragen gleichzeitig zum Schutz vor Infektionen und Krankheiten bei. Darüber hinaus wirkt Gerstengras basisch und trägt zum Ausgleich des Säure-Basen-Haushalts bei. Bei chronischen Darmerkrankungen wird Gerstengras aufgrund seiner entzündungshemmenden Eigenschaften angewendet. Auch gegen Haarausfall soll der tägliche Verzehr von Gerstengrassaft wirken.

Weizengras

Herkunft: Weizen gehört zur Familie der Süßgräser. Die Weizenkeime, auch Weizengras genannt, können nach 7 bis 10 Tagen geerntet werden.

Superpower: Die hohe Dichte an Antioxidanzien macht Weizengras zu einem potenten Hilfsmittel gegen Krebs und andere Zivilisationskrankheiten.

Ein Superfood, weil: Mit seinem hohen Gehalt an Chlorophyll, Vitaminen, Mineralien, Vitalstoffen und Enzymen stellen schon wenige Gramm Weizengras den Nährstoffgehalt von Gemüse in den Schatten. Auch der hohe Anteil von Protein macht Weizengras zu einer guten Quelle für pflanzliches Eiweiß. Essenzielle Aminosäuren sorgen für entzündungshemmende und regenerierende Wirkung auf den Körper. Weizengras gilt als wichtiges Lebensmittel zur Prävention von Krebs und wirkt unterstützend bei der Krebsbehandlung. Wie auch das Gerstengras hat Weizengras einen positiven Effekt auf die Gesundheit des Darms und hilft dem Verdauungstrakt, den Körper von Giftstoffen zu reinigen.

Saison: Gersten- und Weizengras lassen sich ganzjährig leicht zu Hause selbst ziehen oder sind in Form von Pulver oder Kapseln erhältlich.

Aufbewahrung: Frisches Gras kann in einem geschlossenen Behälter bis zu einer Woche im Kühlschrank aufbewahrt werden.

Zubereitung: Mit einem Entsafter mit manueller Bedienung, einer Handpresse oder einem Hochleistungsmixer lassen sich Gersten- und Weizengras schonend zu Saft verarbeiten. Dieser schmeckt leicht süßlich. Auch in Pulverform behalten Gersten- und Weizengras ihre hohe Nährstoffdichte.

Hierbei bitte beachten, dass das Pulver mit kaltem bis lauwarmem Wasser angerührt wird – heißes Wasser zerstört seine wertvollen Inhaltsstoffe.

Gut zu wissen: Gersten- und Weizengras enthalten kein Gluten. Ob die Gräser frisch entsaftet oder in Pulverform angerührt werden, der Verzehr sollte unmittelbar erfolgen. Wenn der Saft lange steht, verliert er seine Nährstoffe.

Weizen- und Gerstengras selbst ziehen

Mit dieser Anleitung können Sie Gersten- und Weizengras leicht in der Wohnung anbauen – kein Garten oder Balkon ist notwendig. So kommen Sie immer in den Genuss von frischem Saft.

Um Weizen- oder Gerstengras selbst zu ziehen, brauchen Sie Schalen, Aussaatkästen oder Blumenuntersetzer – diese Behälter müssen flach sein.

Sorten

Geeignete Gersten- und Weizengrassamen – Sprießkorngerste und Sprießkornweizen – sind im Bioladen erhältlich. Der Anbau ist einfach und kostengünstig. Die Gersten- oder Weizengrassamen in einer Schüssel oder einem Glas mit Wasser bedecken und 1 bis 2 Tage vorkeimen lassen. Dabei entwickeln sich schon feine Wurzeln, mit denen sie sich später in der Erde verankern werden.

Boden und Platz: In den Behälter Ihrer Wahl füllen Sie Blumenerde, bis der Boden etwa 5 cm hoch bedeckt ist. Idealerweise hat der Behälter unten Löcher: Diese sorgen nicht nur für eine gute Belüftung, durch sie kann auch das überschüssige Wasser ablaufen.

Aussaat: Dann die gekeimten Samen in regelmäßigen Abständen auf der Erde verteilen, so dass sie nebeneinander und nicht aufeinander liegen. Die Samen bei Raumtemperatur mit einem feuchten Tuch bedecken. Die Erde sowie die Saat feucht halten, indem die keimenden Samen zweimal am Tag mit Wasser besprüht werden. Es bilden sich schnell feine Kapillarwurzeln, diese bitte nicht mit Schimmel verwechseln. Nach vier Tagen kann die Saat aufgedeckt und das Tuch entfernt werden.

Bereits nach 2 bis 4 Tagen können Sie die Keimlinge ernten, die mit ihrem süßen und leicht nussigen Geschmack sehr gut ins Müsli oder in Salate passen. Wenn die Keimlinge weiter wachsen können, haben die Gräser nach etwa 10 bis 12 Tagen eine Höhe von 10 bis 15 cm erreicht und können geerntet werden. Dazu das Gras möglichst dicht an der Erde und oberhalb der Wurzel mit einer Schere abschneiden. Sofort zu Saft verarbeiten oder im Kühlschrank aufbewahren.

Für die Aufzucht von Gersten- und Weizengras eignet sich ebenso ein Keimau-

tomat oder ein Keimgerät (hier finden die Samen auf der obersten Ebene genug Platz zum Wachsen).

Frischer Weizen- oder Gerstengrassaft

Frischer Gersten- oder Weizengrassaft hat eine leicht süßliche Geschmacksnote, die beim ersten Verzehr noch ungewohnt erscheinen kann. Keine Sorge, Sie gewöhnen sich schnell dran oder werden ihn sogar zu schätzen wissen. Sie tun Ihrer Gesundheit sehr viel Gutes, wenn Sie jeden Morgen ein Schnapsglas frischen Saft trinken – Gersten- und Weizengras sind ganz klar die Superstars unter den Superfoods. Bitte beachten, dass der Saft die Darmtätigkeit anregt.

Hanfsamen

Saison: Hanfsamen sind ganzjährig erhältlich.

Herkunft: Hanfsamen stammen vom sogenannten Nutzhanf, der weltweit seit vielen tausend Jahren angebaut wird. Hanfsamen, die Frucht des Hanfes, haben keinerlei berauschende Wirkung und können bedenkenlos von Groß und Klein verzehrt werden. Botanisch gesehen sind Hanfsamen Nüsse.

Superpower: Mit ihrem hohen Anteil an Eiweiß gelten Hanfsamen als die reichhaltigste Quelle für pflanzliches Protein. Eisen, Vitamin E sowie Omega-3-Fettsäuren machen Hanfsamen zu einem geballten Nährstoffwunder.

Ein Superfood, weil: Hanfsamen zählen zu den nahrhaftesten Pflanzen und zu einer der wenigen Ölpflanzen, deren Samen Gamma-Linolsäure enthalten. Dank Vitamin B und E sowie mit seinen hochwertigen Eiweißen, essenziellen Fettsäuren und hoher Nährstoffdichte unterstützt dieses Powerfood den Muskelaufbau, das Hautbild, das Wachstum von Haaren und Nägeln, die Schilddrüse, die Augen und die Sehschärfe.

Auch die Wirkung auf das hormonelle Gleichgewicht ist günstig und die Entgiftung wird durch die Anregung des Stoffwechsels positiv beeinflusst. Ballaststoffe unterstützen die Verdauung, während die darin enthaltenen Vitamine das Nervensystem schützen und als Radikalfänger wirken. Der Körper wird mit allen ungesättigten Fettsäuren und allen essenziellen Aminosäuren versorgt. Krankheitsbilder wie Neurodermitis, prämenstruelles Syndrom und rheumatoide Arthritis können positiv beeinflusst werden. Die optimale Fettsäurezusammensetzung des Hanfsamens macht ihn für eine gesunde Ernährung besonders wertvoll, verleiht ihm doch der überdurchschnittlich hohe Gehalt an mehrfach ungesättigten Fettsäuren sowie das ausgewogene Verhältnis von Omega-3 zu den Omega-6-Fettsäuren Superpower.

Zubereitung: Für Hanfsamen gibt es zahlreiche Einsatzmöglichkeiten in der Küche. Sie sind als Topping für Smoothies (Seite 56) oder Salate geeignet, passen ins Müsli oder werden zu Crackern (Seite 68) gebacken. Zudem können sie auch ganz leicht und schnell zu pflanzlicher Milch verarbeitet werden.

Gut zu wissen: Wussten Sie, dass der Körper 8 der 21 Aminosäuren nicht selbst produzieren kann? Diese 8 Aminosäuren müssen zugeführt werden, beispielsweise mit dem Verzehr von Hanfsamen. Ganz unkompliziert können diese täglich in Ihren Speiseplan integriert werden: als Topping für Ihren grünen Smoothie, als Hanfmilch im Müsli oder auch für den Crunch in ihrem Salat. Mit etwa 50 bis 60 Gramm täglich ist Ihr Organismus in der Lage, die fehlenden Körperproteine in ausreichender Menge aufzubauen. Auch das Öl der Nutzpflanze steckt voller wertvoller Inhaltsstoffe. Da diese Inhaltsstoffe bei zu hohen Temperaturen verloren gehen, müssen die Samen schonend ausgepresst werden. Zudem sollte Hanföl nicht zum Kochen verwendet werden. Vielmehr ist es mit seinem nussigen Geschmack ein gutes Öl für Salate und als Zutat in Aufstrichen, Dips und Marinaden. Menschen, die an Neurodermitis und Allergien leiden, ist der regelmäßige Verzehr von Hanföl besonders zu empfehlen, denn dank der medizinisch wirksamen Gamma-Linolsäure hilft das Öl bei der Linderung und Heilung dieser Beschwerden. Haut, die von Neurodermitis geplagt wird, kann aber nicht nur durch den Verzehr von Hanfsamen und Hanföl Besserung verspüren, auch das Auftragen des Öls direkt auf die betreffenden Hautstellen kann Linderung verschaffen.

Amaranth und Quinoa

Saison: Amaranth und Quinoa sind bei uns jederzeit erhältlich.

Herkunft: Amaranth gehört zur Familie der Fuchsschwanzgewächse. Das Korn ist eine sogenannte Pseudocerialie, eine getreideähnliche Pflanze. Es zählt zu den ältesten Kulturpflanzen der Welt und wird überwiegend in Süd- und Mittelamerika sowie in Europa angebaut. Schon die Inka und Azteken kannten den Wert der Körner und nutzten sie einerseits als eines ihrer Hauptnahrungsmittel und verehrten es andererseits in zeremoniellen Gottesdiensten.

Superpower: Die nährstoffreichen Amaranthsamen können wie Getreide verwendet werden. Sie enthalten wertvolle Fettsäuren, Proteine und viele Ballaststoffe, die sich positiv auf die Darmgesundheit auswirken.

Ein Superfood, weil: Amaranth hat zwar weniger Kohlenhydrate als Getreide, macht aber schnell satt und stellt dabei langanhaltende Energie zur Verfügung. Die Samen enthalten alle essenziellen Aminosäuren, ungesättigte Fettsäuren und einen extrem hohen Anteil an hochwertigem, pflanzlichem Eiweiß. Die Aminosäure Lysin sorgt für starke Knochen und Spannkraft der Haut. Auch der Gehalt an Magnesium, Kalzium, Eisen und Zink ist sehr hoch.

Quinoa

Herkunft: Quinoa (ausgesprochen: kinwa) gehört zur Familie der Fuchsschwanzgewächse. Die Pflanze stammt aus Südamerika und diente den Inka schon vor über 6000 Jahren als Grundnahrungsmittel. Wie Amaranth ist auch Quinoa ein Pseudogetreide, das wie Getreide verwendet werden kann. Für eine glutenfreie Ernährung eignen sich deshalb beide Körner sehr gut.

Superpower: Quinoa enthält wertvolles Eiweiß mit allen für den Mensch wichtigen essenziellen Aminosäuren.

Ein Superfood, weil: Wie auch Amaranth hat Quinoa einen hohen Anteil der essenziellen Aminosäure Lysin, die für strahlende Haut und feste Knochen sorgt. Darüber hinaus befinden sich Magnesium, Kalzium, Phosphor, Mangan, Kupfer und Eisen in den Samen. Durch die große Menge an Mi-

neralien kann Quinoa sogar die Symptome von Migräne lindern. Aber auch auf die Stimmung wirkt sich der Verzehr des Korns positiv aus, denn dank der Aminosäure Tryptophan kann der Körper das Glückshormon Serotonin herstellen.

Zubereitung: Amaranth und Quinoa sind eine Bereicherung für jede Küche. Es gibt zahlreiche Arten der Zubereitung – von gepuffter Form in Müsli bis zu gekochter Form zur Verwendung in herzhaften Salaten oder als Risotto (Seite 103), als Bratlinge (Seite 90) oder in Keksen. Sie zählen zu den Lebensmitteln, die erst in den letzten Jahren eine gewisse Bekanntheit bei uns erreicht haben und inzwischen in jedem gut sortierten Bioladen erhältlich sind. Für die zunehmende Anzahl von Menschen, die Gluten meiden wollen oder müssen, sind Amaranth und Quinoa wertvolle Lebensmittel, die nicht nur für Abwechslung auf dem Speiseplan sorgen, sondern auch gleichzeitig jede Menge Power auf den Teller bringen. Aber natürlich profitieren nicht nur Menschen mit Unverträglichkeiten von den gesundheitlichen Vorteilen dieser sogenannten Pseudogetreide. Reis, Nudeln und Kartoffeln waren bisher die üblichen Beilagen auf vielen Tellern – mit Quinoa und Amaranth bringen Sie nicht nur ein neues Geschmackserlebnis in Ihre Küche, mit ihnen wird nun auch die Beilage zum Superstar. Aus meiner eigenen Küche sind die Körner deshalb nicht mehr wegzudenken.

Blattgrün: Spinat, Mangold, Feldsalat

Saison der verschiedenen Sorten:
Spinat gibt's das ganze Jahr über: Im März ist bei uns bereits der junge Frühlingsspinat erhältlich, ab Mai bis Oktober der Freilandspinat und danach kommt er bis zum nächsten Frühjahr aus dem Gewächshaus. **Mangold** ist bei uns von Mai bis Oktober erhältlich, aus dem Mittelmeerraum kommt er bereits im Frühjahr zu uns. **Feldsalat** ist ebenso wie Grünkohl frostbeständig und wird durch die Kälteeinwirkung besonders schmackhaft. In den warmen Sommermonaten Juni bis August gibt es ihn bei uns nicht.

Herkunft: **Spinat** gehört zur Familie der Fuchsschwanzgewächse und stammt ursprünglich aus Südwestasien, inzwischen wird er vorwiegend in Deutschland, Italien und Frankreich als Gemüsepflanze angebaut. Die Gemüsepflanze **Mangold** gehört zur gleichen Familie wie Rote Bete und Zuckerrübe, auch mit Spinat ist Mangold nah verwandt. Man unterscheidet zwei Kulturformen: Stielmangold mit dicken weißen Stielen sowie Blattmangold mit schmalen weißen, roten oder gelben Stielen. **Feldsalat**, auch als Acker- oder Nüsslisalat bekannt, war in einer Wildform von jeher im asiatischen und europäischen Raum bekannt. Er gehört zur Unterfamilie der Baldriangewächse.

Superpower: Mit seinen antioxidativen Stoffen und Vitaminen schützt **Spinat** vor Krebs, reguliert den Blutdruck und sorgt für ein gesundes Herz-Kreislauf-System. Das in großen Mengen in **Mangold** enthaltene Vitamin K unterstützt eine gesunde Blutgerinnung sowie den Aufbau von Knochen. **Feldsalat** hat unter allen Blattsalaten den höchsten Gehalt an Vitamin C und auch vor Vitamin A strotzt dieser Salat nur so. Diese Blattgemüse haben eine Gemeinsamkeit: Die in ihnen enthaltene Nährstoffdichte ist um ein Vielfaches höher als die von Gemüse. Das im Blattgrün enthaltene Chlorophyll wird oft als »flüssiger Sonnenschein« bezeichnet, wird es doch durch den Einfluss der Sonne in den Pflanzen gebildet. Durch seine Ähnlichkeit mit dem menschlichen Hämoglobin, den roten Blutkörperchen, wirkt es blutbildend und verbessert die Sauerstofftransportkapazität des Blutes.

Ein Superfood, weil: Auch wenn **Spinat** nicht so viel Eisen enthält wie ursprünglich durch einen Rechenfehler angenommen, steckt das dunkle Blattgemüse voller Vitamine, Mineral- und Ballaststoffe. Mit seinen Beta-Carotinen und Vitamin A schützt Spinat die Augen. Er enthält darüber hinaus die Vitamine C und K sowie Eisen, Lutein, Kalium und Magnesium. Durch die enthaltenen steroidähnlichen Stoffe beschleunigt er sogar den Aufbau von Muskeln. Menschen mit Nierenproblemen sollten wegen der Oxalsäure wenig bis keinen Spinat essen. **Mangold** enthält die Mineralstoffe Kalium, Kalzium, Magnesium und Eisen sowie Vitamin B_1, B_2 und C, darüber hinaus Eiweiß und Jod. Auch dieses Blattgrün enthält Oxalsäure und ist deshalb für

Menschen mit Nierenerkrankungen nicht zu empfehlen. **Feldsalat** ist reich an Jod, Phosphor, Kalzium, Eisen, Beta-Carotin und Folsäure. Durch seine Verwandtschaft mit Baldrian wirkt sich sein Verzehr beruhigend auf das vegetative Nervensystem aus und er kann bei Schlafstörungen helfen.

Zubereitung: Das Blattgemüse macht grüne Smoothies (Seite 56) zu Power-Drinks. Durch die Zubereitung in einem Hochleistungsmixer kann die Zellwand des Blattgrüns so aufgespalten werden, dass der menschliche Organismus die geballte Ladung von Nährstoffen, Vitaminen und Mineralstoffen optimal verwerten kann. Aber auch in frischen Säften und Salaten entfalten die grünen Blätter ihre Superkräfte.

Aufbewahrung: Spinat, Mangold, Feldsalat und alle anderen Blattsalate sollten möglichst rasch nach der Ernte (alle können im eigenen Garten angebaut werden) oder dem Einkauf gegessen werden. Im Kühlschrank bleiben sie länger frisch, wenn sie in feuchte Tücher gewickelt oder frisch gewaschen mit ein wenig Wasser in einem mit Luft prall gefüllten Frischhaltebeutel aufbewahrt werden.

Kräuter und Wildkräuter

Wildkräuter: Giersch, Vogelmiere, Brennnessel, Löwenzahn

Kräuter: Petersilie, Dill, Kerbel, Basilikum, Schnittlauch, Salbei, Thymian, Rosmarin, Majoran, Minze

Saison Kaum wird es warm und das Frühjahr beginnt, kann man die ersten **Wildkräuter** auf dem Markt kaufen oder selbst sammeln gehen. **Kräuter** sind das ganze Jahr über im Topf oder als Tiefkühlware im Bioladen erhältlich. Darüber hinaus gibt es frische Kräuter auf dem Markt und als frisch geschnittenen Bund im Bioladen.

Superpower. **Wildkräuter** sind durch ihren Wildwuchs allen Kulturpflanzen mit einem deutlich höheren Vitamin- und Mineralstoffgehalt überlegen. Ihre Wirkung ist extrem stark und sie sollten sparsam und gezielt eingesetzt werden. **Kräutern** wird seit jeher eine heilende und medizinische Wirkung zugesprochen.

Superfood, weil: Mit seiner entgiftenden Wirkung eignet sich **Giersch** sehr gut für eine Frühjahrskur (1 Handvoll in den Salat oder grünen Smoothie, Seite 56). Er unterstützt den Muskelaufbau mit Magnesium und reguliert den Säure-Basen-Haushalt. Neben Vitamin C und A enthält Giersch Eiweiß, Kalium und Kalzium und wirkt entzündungshemmend, entwässernd und harnsäurelösend. **Vogelmiere** wirkt gleichzeitig entgiftend und aufbauend, was sie ideal für die Verwendung in grünen Smoothies (Seite 56) im Frühjahr macht. Sie verfügt über einen sehr hohen Anteil an Vitamin C und enthält die Mineralstoffe und Spurenelemente Kalium, Kupfer, Magnesium, Zink, Kalzium und Eisen. **Brennnessel:** Diese wertvolle heimische Wildpflanze wirkt sich positiv auf den Haarwuchs aus und kann bei rheumatischen Beschwerden helfen. Sie wirkt gleichzeitig blutreinigend und -bildend, entwässert und senkt den Blutzuckerspiegel. Brennnesseln enthalten Eiweiß, Eisen, Kieselsäure, Kalium, Magnesium, Flavonoide und extrem viel Vitamin C. **Löwenzahn** eignet sich hervorragend, um der Frühjahrsmüdigkeit zu entkommen. Seine Bitterstoffe aktivieren Stoffwechsel, Galle, Nieren und Leber. Zudem hilft er bei der Muskelentspannung und unterstützt die Nährstoffaufnahme des Körpers positiv. Er enthält

besonders hohe Mengen an Eiweiß, Vitamin C, Kalium, Magnesium und Phosphor.

Zubereitung: **Wildkräuter** eignen sich hervorragend für die Verwendung in grünen Smoothies und Salaten. Wenn sie roh verzehrt werden, bleiben all ihre wertvollen Nährstoffe enthalten. Über ihre positive Wirkungsweise hinaus geben sie mit ihrem feinen Geschmack allen Gerichten eine beson-

dere Note. Würzige **Kräuter** verleihen Salaten und anderen rohen oder gekochten Gerichten den nötigen Pfiff.

Aufbewahrung: Idealerweise werden Wildkräuter und Kräuter möglichst sofort nach der Ernte oder dem Einkauf frisch verzehrt – so schmecken Sie auch am besten. Sie können aber in ein feuchtes Tuch eingewickelt oder in einem Frischhaltebeutel einige Tage im Kühlschrank aufbewahrt werden.

Rezepte

Jetzt ist es Zeit, zur Tat zu schreiten und die Superfoods auf den Teller zu bringen. Herzlich willkommen
in meiner Superfood-Küche!

Zum Trinken

Geballte grüne Power

Smoothie mit Grünkohl und Avocado

2 Portionen
⊘ 10 Min.

3 Blätter Mangold • 3 Blätter Grünkohl • 1 reife Avocado • 1 reife Kiwi • 1 reife Birne • ½ Zitrone • 1–2 Tassen gefiltertes Wasser, stilles Mineral- oder Kokoswasser

● Mangold- und Grünkohlblätter waschen und abtropfen lassen. Die Stiele vom Mangold abschneiden. Die Grünkohlblätter vom Stiel zupfen.

● Die Avocado halbieren und das Fruchtfleisch aus der Schale löffeln. Die Kiwi schälen. Die Birne waschen, vierteln und das Kerngehäuse entfernen. Die Zitrone schälen.

● Alle Zutaten in einen leistungsstarken Mixer geben (ein Hochleistungsmixer ist dafür besonders gut geeignet). Zuerst die härteren Zutaten, dann das Blattgrün und die Flüssigkeit in den Mixer geben. Etwa 1 Min. bei höchster Stufe cremig pürieren. In Gläser geben und sofort genießen.

Wild fruchtig

Himbeer-Wildkräuter-Smoothie

2 Portionen
⊘ 10 Min.

2 Handvoll Feldsalat • 1 kleine Handvoll Wildkräuter, wie Giersch, Vogelmiere, Brennnessel • 1 Tasse Himbeeren (frisch oder tiefgefroren) • 1 Orange • 1 reife Banane • 1–2 Tassen gefiltertes Wasser, stilles Mineral- oder Kokoswasser

• Den Feldsalat, die Wildkräuter und frischen Himbeeren gut waschen und abtropfen lassen.

• Die Orange und Banane schälen.

• Zuerst die Orange, Banane und Beeren in einen leistungsstarken Mixer geben. Das Blattgrün obenauf geben und dann die Flüssigkeit dazugießen. Etwa 1 Min. auf höchster Stufe pürieren, bis die gewünschte Konsistenz erreicht ist.

• Eiswürfel können nach Belieben mit in den Mixer gegeben werden.

Trinke ich am liebsten

Grüner Lieblingssmoothie

2 Portionen
⊘ 10 Min.

2 Handvoll Baby-Blattspinat • 1 reife Banane • reifes Obst, je nach Saison und Verfügbarkeit: 2 Kakis, 2 Pfirsiche, 2 Orangen oder 1 Mango • 1–2 Tassen Kokoswasser • 1 Msp. Vanillepulver

• Den Spinat waschen und abtropfen lassen.

• Die Banane schälen. Je nachdem welches Obst verwendet wird, waschen, die Schale entfernen und den Kern entfernen.

• Die Zutaten in den Mixer geben, das Blattgrün zuletzt und dann das Kokoswasser dazugießen. Etwa 1 Min. in einem leistungsstarken Mixer pürieren, bis die gewünschte Konsistenz erreicht ist.

Tipp In einem (möglichst dunklen) Schraubglas sind grüne Smoothies im Kühlschrank ein bis zwei Tage haltbar.

Die volle Ladung Chlorophyll
Gras-Shot

2 Portionen
⊘ 5–15 Min.

½ Handvoll frisch geschnittenes und gewaschenes Weizen- oder Gerstengras • 2–3 Tassen gefiltertes oder stilles Wasser • Optional: Kokoswasser oder frisch gepresster Orangensaft

● Das Gras zusammen mit dem Wasser etwa 1 Min. auf höchster Stufe pürieren. Die Flüssigkeit durch ein sehr feines Sieb oder einen Nussbeutel pressen. In Gläser gießen und sofort trinken. Kann auf Eis und mit dem Saft einer halben Zitrone serviert werden.

Tipp Für die Zubereitung im Entsafter verwendet man 1 große Handvoll frisches und gewaschenes Weizen- oder Gerstengras. Ein Schnapsglas Saft auf nüchternen Magen trinken. Wenn der Geschmack ungewohnt ist, einen Apfel entsaften und dazugeben. Sofort nach dem Entsaften trinken.

Ganz einfach
Nussmilch

1 Liter
⊘ 10 Min.
+ eventuell 8 Std. Einweichzeit

1 ½ Tasse Nüsse nach Wahl (Cashewkerne, Macadamianüsse, geschälte Hanfsamen oder Mandeln/Walnüsse – diese beiden Sorten jeweils über Nacht oder mindestens 8 Std. eingeweicht) • 1 l stilles oder gefiltertes Wasser • 1 Msp. Vanillepulver • 1 Prise Meersalz

● Die Nüsse mit dem Wasser in einen leistungsstarken Mixer geben. Bei hoher Geschwindigkeit pürieren.

● Die Mixtur bei ungeschälten Nüssen wie Hanfsamen, Mandeln, Walnüssen oder Haselnüssen durch einen Nussbeutel pressen.

● Nussmilch, Vanillepulver und Salz in den Mixer geben und erneut pürieren.

● Die Nussmilch im Kühlschrank in einem Glasgefäß aufbewahren, sie ist bis zu 3 Tage haltbar.

High auf Antioxidanzien
Hanf-Blaubeer-Milch

2 Portionen
⊘ 5 Min.

1 Tasse Blaubeeren • 1 reife Banane •
2 Tassen Hanfmilch (Seite 57) • 1 Msp.
Vanillepulver • 2 Minzeblätter zum
Garnieren

● Die Hanfmilch (Seite 57) wie beschrieben zubereiten.

● Die Blaubeeren waschen und die
Banane schälen. Zusammen mit der
Hanfmilch und dem Vanillepulver im
Mixer 1 Min. pürieren.

● In Gläser gießen. Mit einem Minze-
blatt garnieren und servieren.

Der weiße Smoothie
Bananen-Walnuss-Milch

2 Portionen
⊘ 5 Min.

2 Tassen Walnussmilch (Seite 57) •
2 reife Bananen • 2 Medjool-Datteln

● Die Walnussmilch (Seite 57) wie
beschrieben zubereiten.

● Die Bananen schälen und mit den
Datteln sowie der Nussmilch in einen
Mixer geben und etwa 1 Min. pürieren.

● In Gläser gießen und servieren.

◆▷ Hanf-Blaubeer-Milch

Erfrischend mit Ingwer
Rote-Bete-Orangen-Saft

2 Portionen
⊘ 10 Min.

3 Rote Bete • 3 Karotten • 3 Orangen •
1 Stückchen Ingwer • einige Tropfen
Leinöl

● Rote Bete, Karotten und Ingwer
gründlich waschen und grob zerkleinern. Die Orangen schälen.

● Alles nacheinander in den Entsafter
geben. In Gläser füllen, das Leinöl hinzufügen und sofort servieren.

Gibt gesunden Glow
Grüner Grünkohlsaft

2 Portionen
⊘ 10 Min.

5 Blätter Grünkohl • 3 Stängel Staudensellerie • 2 Salatgurken • 2 Äpfel •
1 Stückchen Ingwer • 1 Limette

● Den Grünkohl, die Staudensellerie,
die Gurken, die Äpfel, den Ingwer und
die Limette gründlich waschen. Alles
grob zerkleinern und nacheinander in
den Entsafter geben.

● In Gläser füllen und sofort servieren.

Nach kurzen Nächten
Detox Smoothie

2 Portionen
⊘ 10 Min.

1 Handvoll Baby-Blattspinat • 1 Tasse
Blaubeeren (frisch oder tiefgefroren) •
1 Gurke • 1 reife Avocado • 1 reife Banane • 1–2 Tassen Kokoswasser

● Den Spinat, die frischen Blaubeeren
und die Gurke waschen und abtropfen lassen. Die Avocado halbieren, den
Kern entfernen und das Fruchtfleisch
herauslöffeln. Die Banane schälen.

● Alles in einen leistungsstarken Mixer geben, das Blattgrün zuletzt obenauf geben und dann die Flüssigkeit
dazugießen. Etwa 1 Min. lang auf
höchster Stufe pürieren.

● In Gläser gießen und servieren.

Cheers!
Himbeer-Champagner

2 Portionen
⊘ 5 Min.

½ Tasse Himbeeren (frisch oder tiefgefroren) • Champagner, kalt gestellt

● Die Himbeeren im Mixer pürieren.
Das Püree durch ein sehr feines Sieb
streichen.

● Jeweils 1 EL Himbeerpüree in ein
Sektglas oder einen Champagnerkelch
geben. Mit Champagner aufgießen.

Klein und schnell

Interpretation eines Klassikers
Süßlupinen-Hummus

2 Portionen
⊘ 5 Min. + 20 Min. Einweichzeit

1 Tasse Süßlupinen »Kernies« • 1 ½ Tassen kochende Gemüsebrühe • 2 Knoblauchzehen • Saft von ½ Zitrone • 3 EL Tahini • 1 TL Kumin • 3 EL Olivenöl • Meersalz • schwarzer Pfeffer

● Die Süßlupinen-Kernies mit kochender Gemüsebrühe übergießen und 20 Min. zugedeckt quellen lassen.

● Knoblauch abziehen. Die eingeweichten Süßlupinen mit Zitronensaft, Tahini, Kumin, Olivenöl und Knoblauchzehen in einen leistungsstarken Mixer geben und pürieren.

● Eventuell 1–2 EL Wasser dazugeben, damit der Hummus cremiger wird.

Das passt dazu Hanfsamencracker (Seite 68), Walnussbrot (Seite 105).

Schnell und einfach

Rote-Bete-Hummus

2 Portionen
⊘ 10 Min.

1 Glas vorgekochte Kichererbsen • 3 EL Tahini • Saft von ½ Zitrone • 3 EL Rote-Bete-Saft • Kumin • Meersalz • schwarzer Pfeffer

● Die Kichererbsen abgießen und mit Tahini, Zitronensaft und Rote-Bete-Saft pürieren, bis eine rosa Creme entsteht.

● Mit Kumin, Salz und Pfeffer abschmecken.

Das passt dazu Hanfsamencracker (Seite 68), Walnussbrot (Seite 105).

Einfach lecker

Cashewcreme mit Kräutern

2 Portionen
⊘ 15 Min. + 8 Std. Einweichzeit

1 Tasse Cashewkerne • 1 Tasse gefiltertes Wasser • Saft einer ½ Zitrone • ½ Bund gemischte Kräuter (Petersilie, Dill, Kerbel, Basilikum, Schnittlauch) • Meersalz

● Die Cashewkerne über Nacht oder mindestens 8 Std. in Wasser einweichen lassen. Anschließend abgießen.

● Zusammen mit dem gefilterten Wasser, Zitronensaft und Salz im Mixer zu einer sämigen Masse pürieren. Kräuter zugeben und erneut mixen. Evtl. mit mehr Zitronensaft und Salz abschmecken. Nach ein paar Std. im Kühlschrank wird die Creme noch fester.

Variante Mit 1 Knoblauchzehe und 2 EL Hefeflocken wird die Creme pikanter und »käsiger«. Statt der Kräuter ein haselnussgroßes Stück Meerrettich in die Creme reiben, passt gut zur Rote-Bete-Suppe (Seite 77) und zu Hanfsamencrackern (Seite 68).

Mit Mandeln
Sprossenaufstrich

2 Portionen
⊘ 15 Min. + 8 Std. Einweichzeit

½ Tasse Sonnenblumenkerne • ½ Tasse Mandeln • ½ Tasse Sprossen • 1 Knoblauchzehe • 1 haselnussgroßes Stück Ingwer • 1 EL Sonnenblumenöl • 1 EL Tamari • Meersalz • weißer Pfeffer

● Die Sonnenblumenkerne und die Mandeln über Nacht oder mindestens 8 Std. in Wasser einweichen.

● Dann Sonnenblumenkerne und Mandeln abgießen. Die Sprossen waschen und abtropfen lassen. Knoblauch abziehen.

● Sonnenblumenkerne, Mandeln und Sprossen zusammen mit der Knoblauchzehe und dem Ingwer im Mixer zu einer cremigen Masse pürieren. Das Öl und Tamari zugeben. Mit Salz und Pfeffer abschmecken.

Das passt dazu Toll auf Brot oder zu rohen Gemüsesticks.

Ein leckerer Brotaufstrich
Walnusscreme mit Kresse

2 Portionen
⊘ 20 Min. + 8 Std. Einweichzeit

1 Tasse Walnusskerne • 1 Schalotte • 1 Knoblauchzehe • 1 Tasse braune Champignons • 1 TL Zitronensaft • 1–2 EL Gemüsebrühe • Meersalz • schwarzer Pfeffer • Kresse zum Garnieren

● Die Walnüsse über Nacht oder mindestens 8 Std. in Wasser einweichen.

● Dann die Walnusskerne abgießen und abtropfen lassen. Schalotten und Knoblauch abziehen.

● Die Champignons mit einer Pilzbürste reinigen und die Stiele entfernen. Die Walnüsse mit den Pilzen, dem Zitronensaft, der Schalotte und der Knoblauchzehe im Mixer pürieren, bis die gewünschte Konsistenz erreicht ist. Mit 1–2 EL Gemüsebrühe wird die Masse noch cremiger.

● Die Creme mit Salz und Pfeffer abschmecken und mit Kresse garnieren.

Einfach und schnell
Kräuter»butter«

2 Portionen
⊘ 10 Min.

½ Packung weiche, pflanzliche Margarine • ½–1 Bund frische Kräuter (Basilikum, Koriander, Rosmarin, Salbei, glatte Petersilie, Thymian) • 1 EL Zitronensaft • Meersalz

● Die Margarine in einer Schüssel mit einem Kochlöffel glatt rühren.

● Die Kräuter waschen, fein hacken und kräftig unter die Margarine rühren. Dabei hängt die Menge vom eigenen Geschmack ab – je mehr Kräuter, desto intensiver. Zitronensaft und 1 Prise Salz dazugeben.

● Auf Pergamentpapier geben, zusammenrollen, die Enden umklappen und in eine gleichmäßige »Wurstform« bringen. Im Kühlschrank aufbewahren oder einfrieren.

Das passt dazu geröstetes Walnussbrot (Seite 105) oder gegrilltes Gemüse.

Ein Hingucker
Rote-Bete-Creme

2 Portionen
⊘ 15 Min. + 8 Std. Einweichzeit

½ Tasse Mandeln • 1 Rote Bete • 1 erbsengroßes Stück Meerrettich • 1 EL Zitronensaft • Meersalz • schwarzer Pfeffer

● Die Mandeln über Nacht oder mindestens 8 Std. in Wasser einweichen.

● Die Rote Bete schälen. Die Mandeln abgießen und abtropfen lassen. Mandeln, Rote Bete, Meerrettich und Zitronensaft in einen leistungsstarken Mixer geben und fein pürieren. Mit Salz und Pfeffer abschmecken.

Das passt dazu Hanfsamencracker (Seite 68), Walnussbrot (Seite 105).

◆▶ Rote-Bete-Creme

Gesundes Knuspervergnügen
Hanfsamencracker

24 Cracker
⊘ 5 Min. + 25 Min. Backzeit

- ½ Tasse Buchweizen-mehl
- ½ Tasse geschälte Hanf-samen
- 1 TL Leinsamen
- ½ TL getrocknete Kräuter (Thymian oder Rosmarin)
- Meersalz
- schwarzer Pfeffer
- ½ Tasse Wasser

● Den Backofen auf 200 Grad (Umluft 180 Grad) vorheizen.

● Buchweizenmehl, geschälte Hanfsamen, Leinsamen, getrocknete Kräuter, Salz und Pfeffer in einer Schüssel mischen. Das Wasser dazugeben und vermengen, so dass eine elastische Masse entsteht.

● Ein Backblech mit Backpapier belegen. Die Masse dünn mit einem Teigschaber auf dem Backblech verteilen und in den Ofen schieben. Nach 10 Min. das Blech herausnehmen und die Cracker in Rechtecke schneiden. Den Ofen ausschalten und das Backblech zurück in den Ofen schieben. Die Cracker weitere 10–15 Min. im geschlossenen Ofen trocknen lassen und dabei immer wieder checken, damit sie nicht zu braun werden.

● Hanfsamencracker dem Ofen holen und abkühlen lassen. Gleich servieren oder in einem luftdicht verschlossenen Behälter aufbewahren.

Das passt dazu Süßlupinen-Hummus (Seite 63), Rote-Bete-Hummus (Seite 64), Cashewcreme mit Kräutern (Seite 64), Sprossenaufstrich (Seite 65), Walnusscreme mit Kresse (Seite 65).

Reich an ungesättigten Fettsäuren
Nuss»butter«

2 Portionen
⊘ 5 Min.

1–2 Tassen Nüsse (Cashewkerne, Mandeln, Erdnüsse) • eventuell Olivenöl

● Die Nüsse der Wahl in einen Mixer geben und pürieren. In den Nüssen ist Öl enthalten, das macht die Nussbutter ohne weitere Zutaten cremig. Falls die Masse nicht geschmeidig genug ist, kann ein wenig Olivenöl dazugegeben werden.

● In einem Schraubglas im Kühlschrank aufbewahren.

Das passt dazu Mit Apfelschnitzen ein toller Snack und auch als Brotaufstrich geeignet. Ein Klecks Nussbutter veredelt Smoothies oder die Schüssel mit Frühstücksmüsli.

Kann auch mit rein 1 Prise Salz

Superfood mit Rosmarin
Rauchmandeln

2 Portionen
⊘ 10 Min. + 20 Min. Backzeit

2 Tassen Mandeln • 6 TL pflanzliche Margarine • 3 TL Rauchsalz • 2 Zweige Rosmarin • 2 TL Fleur de Sel

● Den Backofen auf 200 Grad (Umluft 180 Grad) vorheizen.

● Die Margarine in einem Topf erhitzen. Rosmarin waschen und fein hacken. Rosmarin und Rauchsalz zur Margarine geben und einige Minuten stehen lassen.

● Die Mandeln in den Topf geben. Umrühren, bis sie gleichmäßig mit der Masse überzogen sind. Dann gleichmäßig auf einem mit Backpapier ausgelegten Backblech verteilen und etwa 20 Min. backen.

● Aus dem Ofen nehmen und kurz auf dem Blech abkühlen lassen. Auf Küchenkrepp geben und mit dem Fleur de Sel bestreuen. Warm servieren oder in einem Schraubglas aufbewahren.

Grünkohl kann auch Italienisch

Grünkohlpesto

2 Portionen
⊘ 30 Min.

- 250 g Spaghetti
- 3–5 Blätter Grünkohl
- 2 EL Pinienkerne
- 1 Knoblauchzehe
- abgeriebene Schale von
  1 Zitrone
- 2–3 EL Olivenöl
- Meersalz
- schwarzer Pfeffer

● Die Spaghetti nach Packungsanweisung kochen. Den Grünkohl gründlich waschen und abtropfen lassen. Die Blätter vom Stängel schneiden und in kochendem Salzwasser blanchieren. Mit kaltem Wasser abschrecken und abtropfen lassen.

● Die Pinienkerne in einer Pfanne ohne Fett anrösten.

● Knoblauch abziehen. Knoblauch, Grünkohl, Pinienkerne und Zitrusabrieb in den Mixer geben. Während des Püriervorgangs das Olivenöl dazugießen. Mit Salz und Pfeffer abschmecken und alles gut vermischen.

● Die Nudeln in ein Sieb abgießen und auf Teller verteilen. Das Grünkohlpesto auf die dampfende Pasta geben und sofort servieren.

Mit Kräuter-Mayo

Süßkartoffelpommes

2 Portionen
⊘ 60 Min.

Süßkartoffelpommes:
• 2 große Süßkartoffeln
• 2 EL Sonnenblumenöl
• 3 Knoblauchzehen
• 2 Zweige Thymian
• Fleur de Sel

Kräutermayo:
• 50 ml gut gekühlte Sojamilch
• 1 ½ TL Zitronensaft
• 100 ml Sonnenblumenöl
• ½ Bund frische Kräuter (Petersilie, Dill, Schnitt-lauch, Pimpinelle, Borretsch, Kerbel, Kresse, Sauerampfer)
• 2 EL scharfer Senf
• Meersalz
• schwarzer Pfeffer

● Den Backofen auf 200 Grad (Umluft 180 Grad) vorheizen. Süßkartoffeln schälen, halbieren und in grobe Schnitze schneiden. Sonnenblumenöl und 2 EL Wasser mischen, über die Süßkartoffelstücke geben und vermischen.

● Ein Backblech mit Backpapier auslegen und die Süßkartoffelstücke darauf verteilen. Die Knoblauchzehen halbieren, den Thymian grob zupfen und beides auf das Backblech geben (wird später nicht mitgegessen).

● Etwa 20 Min. backen. Die Süßkartoffeln nach 10 Min. wenden und mit einem Pinsel mit der Öl-Wasser-Mischung bestreichen. Mit Fleur de Sel bestreuen.

● Für die Kräutermayo die Sojamilch, Zitronensaft und Öl in einen Mixer geben und etwa 30 Sekunden lang mixen. Wenn ein Pürierstab verwendet wird, zuerst die Sojamilch mit dem Zitronensaft mischen und unter Mixen nach und nach das Öl dazugeben, bis eine feste Masse entsteht.

● Die Kräuter waschen, zupfen und fein hacken. Gut mit der Mayo vermischen. Mit dem Senf, dem Salz, dem Pfeffer und eventuell etwas mehr Zitronensaft abschmecken.

Mit Avocado, Sprossen und Karotten

Norirollen

2 Portionen
⊘ 10 Min.

- 4 Noriblätter (geröstet)
- 2 reife Avocados
- 1 Spritzer Zitronensaft
- 1 Karotte
- 1 Rote Bete
- 1 Tasse Sprossen
- Meersalz
- schwarzer Pfeffer

● Die Noriblätter nebeneinanderlegen. Die Avocados teilen, den Kern entfernen und das Fruchtfleisch in eine Schüssel geben. Mit einer Gabel zerdrücken und mit Zitronensaft sowie Salz und Pfeffer mischen.

● Die Karotte schälen und mit einem Sparschäler in Streifen schneiden. Die Rote Bete waschen und mit einer Küchenreibe grob raspeln. Die Sprossen waschen und trocken tupfen.

● Die Avocadomasse gleichmäßig auf die vier Noriblätter verteilen, dabei jeweils die Ränder frei lassen. In der Mitte der Blätter die Karottenstreifen und Rote-Bete-Raspeln verteilen. Darauf die Sprossen geben. Mit Salz und Pfeffer abschmecken.

● Dann vorsichtig die Noriblätter rollen und mit einem scharfen Messer halbieren.

Variante Statt der Avocadomasse eignet sich auch der Rote-Bete-Hummus (Seite 64) oder Süßlupinen-Hummus (Seite 63) als cremige Basis für die Norirollen.

Die schönsten Chips der Welt
Rote-Bete-Chips

2 Portionen
🕐 10 Min. + 30 Min. Backzeit

1 mittelgroße Rote Bete • 1 Zweig Rosmarin • grobes Meersalz

● Den Backofen auf 200 Grad (Umluft 180 Grad) vorheizen.

● Die Rote Bete schälen und in dünne Scheiben hobeln. Ein Backblech mit Backpapier belegen und die Scheiben in einer Schicht darauf verteilen. Die Rosmarinnadeln und das Salz darüber geben. In den Backofen schieben.

● Die Scheiben nach etwa 10–15 Min. wenden und weitere 10–15 Min. backen. Sobald die Chips kross sind, aus dem Ofen nehmen. Zwischendurch die Ofentür öffnen, damit der Dampf entweicht.

● In eine Schüssel geben und eventuell nachsalzen und sofort genießen. In einem luftdicht verschlossenen Behälter sind die Chips einige Tage haltbar.

Haben das Zeug zur Lieblingsnuss
Süße Cashewkerne

2 Portionen
🕐 10 Min. + 15 Min. Backzeit

2 Tassen Cashewkerne • 6 TL pflanzliche Margarine • 1 Vanilleschote oder ½ TL Vanillepulver • 4 TL Agavendicksaft oder Ahornsirup • Fleur de Sel

● Den Backofen auf 200 Grad (Umluft 180 Grad) vorheizen.

● Die Margarine in einem Topf erhitzen. Die Vanille und den Agavendicksaft dazugeben und einige Minuten stehen lassen.

● Die Cashewkerne in den Topf geben. Umrühren, sodass die Nüsse gleichmäßig mit der Masse überzogen sind. Auf einem mit Backpapier ausgelegten Backblech verteilen. 10–15 Min. backen, bis sie eine zarte Bräune entwickelt haben.

● Kurz abkühlen lassen. Auf Küchenkrepp geben und mit dem Fleur de Sel abschmecken. Warm servieren oder in einem Schraubglas aufbewahren.

So einfach, so delikat
Süßkartoffelchips

2 Portionen
⏱ 10 Min. + 20 Min. Backzeit

1 mittelgroße Süßkartoffel • 1 EL Olivenöl • grobes Meersalz

● Den Backofen auf 200 Grad (Umluft 180 Grad) vorheizen.

● Die Süßkartoffel schälen und in dünne Scheiben hobeln. Ein Backblech mit Olivenöl einölen und die Scheiben in einer Schicht darauf verteilen. Die Chips mit etwas Olivenöl einpinseln.

● In den Backofen geben. Die Chips nach etwa 5–10 Min. wenden, wenn sie leicht braun geworden sind. Weitere 5–10 Min. backen, bis sie kross sind. Zwischendurch die Ofentür öffnen, damit der Dampf entweicht.

● Aus dem Ofen nehmen und in eine Schüssel geben. Mit dem Salz bestreuen und sofort genießen. In einem luftdicht verschlossenen Behälter sind die Chips einige Tage haltbar.

Mit Birne und Kräutern
Süßkartoffelsuppe

2 Portionen
⏱ 25 Min.

2 mittelgroße Süßkartoffeln • 1 feste Birne • 1 Schalotte • 1 EL Kokosöl • 350 ml Gemüsebrühe • 200 ml Hafersahne • Meersalz • schwarzer Pfeffer • frische Kräuter zum Garnieren

● Die Süßkartoffeln schälen und in kleine Würfel schneiden. Die Birne schälen, das Kerngehäuse entfernen und in Würfel schneiden.

● Die Schalotte abziehen, fein würfeln und im Kokosöl andünsten. Süßkartoffeln und Birnen dazugeben, etwa 2 Min. unter Rühren braten. Die Gemüsebrühe zugeben und 10–15 Min. kochen, bis die Süßkartoffeln und die Birnen weich sind.

● Die Mischung leicht abkühlen lassen, pürieren, zurück in den Topf geben und mit der Hafersahne verfeinern. Noch einmal kurz erhitzen. Mit Salz und Pfeffer abschmecken und mit frischen Kräutern garnieren.

Erdig, würzig und süß
Rote-Bete-Suppe

2 Portionen
⊘ 50 Min.

1 mittelgroße Zwiebel · 2 EL pflanzliche
Margarine · 1 Glas gekochte Rote Bete ·
1 EL Agavendicksaft · ½ l Gemüsebrühe · 1 säuerlicher Apfel · Meersalz ·
schwarzer Pfeffer

● Die Zwiebel abziehen, grob würfeln
und in 1 EL Margarine anschwitzen.
Die Rote Bete abtropfen lassen (den
Saft aufheben) und in Scheiben schnei-
den. In den Topf geben und mit dem
Agavendicksaft glasieren.

● Gemüsebrühe und Rote-Bete-Saft
zugeben und 30 Min. auf kleiner
Flamme kochen. Den Apfel schälen,
fein würfeln und in 1 EL Margarine
5 Min. garen, bis er weich ist. Die
Suppe cremig pürieren. Mit Salz und
Pfeffer abschmecken.

● Die Suppe anrichten. In die Mitte einen Klecks Cashewcreme (Seite 64,
Variante mit Meerrettich) geben. Mit
den Apfelstückchen garnieren.

Verfeinert mit Brunnenkresse
Orangensalat

2 Portionen
⊘ 15 Min.

2 Orangen · 1 kleine rote Zwiebel ·
½ Tasse Brunnenkresse · Olivenöl ·
Meersalz · schwarzer Pfeffer

● Die Orangen an der Ober- und Unterseite mit einem scharfen Messer gerade abschneiden und aufrecht auf ein
Brett stellen. Die Schale mitsamt der
weißen Haut abschneiden. Das Fruchtfleisch dann in 5 mm dicke Scheiben
schneiden.

● Die Zwiebel abziehen und in dünne
Ringe schneiden. Die Orangenschei-
ben mit den Zwiebelringen sowie der
Brunnenkresse auf Tellern anrichten.
Mit dem Olivenöl beträufeln und mit
Salz und Pfeffer würzen.

Mit Ingwer-Zitronen-Dressing
Rote-Bete-Apfel-Karotten-Salat

2 Portionen
⊘ 15 Min.

2 Rote Bete • 1 Karotte • 1 Apfel • ½ Bund
frische Kräuter (Petersilie oder Schnittlauch) • 1 haselnussgroßes Stückchen
Ingwer • 1 EL frischer Orangensaft • 1 EL
frischer Zitronensaft • 2 EL Olivenöl •
1 TL Agavendicksaft • Meersalz • schwarzer Pfeffer

● Rote Bete und Karotte schälen. Den
Apfel waschen, vierteln und das Kerngehäuse entfernen. Rote Bete, Karotte
und den Apfel mit einer Küchenreibe
grob in eine Schüssel reiben.

● Die Kräuter waschen und fein hacken.
Den Ingwer schälen und fein raspeln.
In einer kleinen Schüssel den Ingwer,
Orangen- und Zitronensaft, das Olivenöl
sowie die Kräuter und den Agavendicksaft mischen. Mit Salz und Pfeffer abschmecken. Das Dressing über den Salat
geben und alles gut vermischen.

◁◀ Avocado-Mango-Salat

Fruchtig frisch
Avocado-Mango-Salat

2 Portionen
⊘ 15 Min.

2 reife Mangos • 2 reife Avocados • 2 EL
Limettensaft • 1 Handvoll Baby-Blatt-
spinat • ½ Salatgurke • ¼ Bund frische
Kräuter (Zitronenmelisse, Minze, Basi-
likum, Koriander, Dill) • 3 EL Sesamöl •
Meersalz • 1 Handvoll Sprossen • ½ rote
Chilischote

● Mangos und Avocados in 1 cm große
Würfel schneiden und in einer Schüssel mit dem Limettensaft beträufeln.

● Den Spinat waschen und gut abtropfen lassen. Die Gurke schälen, mit einem Löffel entkernen und in Würfel
schneiden. Spinat, Gurke, Mangos und
Avocados in eine Schüssel geben. Die
Kräuter waschen, fein hacken und zusammen mit dem Sesamöl und Meersalz hinzufügen und unterheben.

● Die Sprossen waschen und abtropfen lassen. Die Chilischote in dünne
Streifen schneiden und zusammen mit
den Sprossen den Salat garnieren.

Mit karamellisierten Walnüssen
Spinatsalat

2 Portionen
⊘ 20 Min.

4 Handvoll Baby-Blattspinat • 1 EL Zucker • 2–3 EL veganer Weißwein • 2 EL Gemüsebrühe • 12 geschälte Walnüsse • 1 Tasse Himbeeren • 3 EL Walnussöl • 1 EL Himbeeressig • Meersalz • schwarzer Pfeffer

● Den Spinat waschen, gut abtropfen lassen oder in einer Salatschleuder trocknen. Zucker, Wein und Brühe in einer Pfanne erhitzen und die Walnüsse darin karamellisieren. Sobald sie eine leichte Bräune angenommen haben, auf Küchenkrepp geben und abkühlen lassen.

● Für das Dressing einige Himbeeren zerdrücken und mit Essig, Salz, Pfeffer und nach Geschmack mit 1 Prise Zucker verrühren. Dann das Walnussöl dazugeben und verquirlen. In einer Schüssel den Spinat und das Dressing mischen. Auf Teller anrichten und mit den Walnüssen und den restlichen Himbeeren bestreuen.

Mit Walnüssen und Minze
Rote-Bete-Carpaccio

2 Portionen
⊘ 20 Min.

2 vorgekochte Rote Bete • 2 EL Walnussöl • 1 Knoblauchzehe • 1 TL Senf • Meersalz • schwarzer Pfeffer • 2 EL Sonnenblumenöl • 1 EL Apfelessig • 1 EL Aceto Balsamico • 1 Zweig frische Minze • 1 Handvoll Walnusskerne

● Die Rote Bete mit einer Gemüsereibe in dünne Scheiben hobeln. Teller dünn mit Walnussöl einpinseln und die Scheiben dachziegelartig anrichten. Diese mit Walnussöl bestreichen.

● Knoblauch abziehen und fein hacken. Das restliche Walnussöl mit Senf, Salz, Pfeffer, Sonnenblumenöl, den beiden Essigsorten und Knoblauch vermischen. Die Minze waschen und fein hacken. Die Walnusskerne ebenfalls mit einem scharfen Messer klein hacken. Das Dressing auf die Rote Bete geben und mit der Minze und den Walnüssen bestreuen.

Hat Suchtpotenzial
Avocadotoast

2 Portionen
⊘ 10 Min.

4 Scheiben Walnussbrot (Seite 105) •
1–2 kleine reife Avocados • 1 Knoblauchzehe • Saft einer ½ Limette • Fleur de
Sel • schwarzer Pfeffer • Radieschen
nach Geschmack

● Das Walnussbrot toasten oder im
Ofen rösten. Knoblauch abziehen und
halbieren. Mit der aufgeschnittenen
Hälfte der Knoblauchzehe grob über
die obere Seite der Brotscheibe reiben.

● Die Avocado halbieren und den Kern
entfernen. Das Fruchtfleisch mit einem
Löffel auf die Brotscheiben verteilen
und mit einer Gabel grob darauf zerdrücken. Etwas Limettensaft darüber-
träufeln. Mit Salz und frischem Pfeffer
bestreuen.

Variante Für mehr Raffinesse mit
hauchdünn geschnittenen Radieschen
garnieren.

Mit Kokosmilch
Süßkartoffelpüree

2 Portionen
⊘ 20 Min.

2 große Süßkartoffeln • Meersalz •
½ Tasse Kokosmilch • 2 EL Kokosöl • 1 TL
Masala (indische Gewürzmischung)

● Die Süßkartoffeln schälen und grob
würfeln. Etwa zur Hälfte mit Wasser
bedecken, ½ TL Salz hinzufügen und
10–15 Min. kochen, bis die Süßkartoffeln weich sind.

● Kokosmilch, Kokosöl, Masala und etwas Salz zugeben und die Süßkartoffeln zu Brei zerdrücken.

Das passt dazu Bunter Grünkohlsalat (Seite 85), großer grüner
Super-Salat (Seite 86).

Für Freunde

Köstlich mit Pinienkernen

Quinoasalat mit Cranberrys

2 Portionen
⊘ 30 Min.

1 kleine Handvoll Pinienkerne • 2 Frühlingszwiebeln • 1 EL Olivenöl • 2 ½ Tassen Gemüsebrühe • 1 Tasse Quinoa •
1 kleine Handvoll getrocknete Cranberrys • abgeriebene Schale von ½
Zitrone • Meersalz

● Die Pinienkerne in einer Pfanne
ohne Öl anrösten. Frühlingszwiebeln
fein schneiden und in einem Topf im
Öl andünsten, bis sie weich sind.

● Gemüsebrühe dazugeben und zum
Kochen bringen. Quinoa in einem Sieb
mit heißem Wasser abspülen, in die
Brühe geben und 20 Min. köcheln lassen, bis die Körner weich sind.

● Die Cranberrys grob hacken. Quinoa
vom Herd nehmen, die Cranberrys dazugeben, umrühren und 5 Min. aus-
quellen lassen. Zitrusabrieb und
Pinienkerne unterheben. Mit Salz abschmecken. Schmeckt warm oder kalt.

Herrlich frisch

Sprossensalat mit Minze

2 Portionen
⊘ 10 Min.

1 Tasse Radieschen- und Alfalfasprossen • ½ Bund Minze • 1 reife Avocado • ½ Tasse Kresse • Olivenöl • Zitronensaft • Meersalz • schwarzer Pfeffer

● Die Sprossen waschen und gut abtrocknen. Dann auf einem großen Teller oder einer Servierplatte verteilen.

● Die Minzblätter waschen und in feine Streifen schneiden. Die Avocado halbieren, den Kern entfernen, das Fruchtfleisch herauslöffeln und in Würfel schneiden. Die Minze und Avocado über die Sprossen verteilen. Die Kresse darüberstreuen.

● Mit Olivenöl und dem Zitronensaft beträufeln und mit Salz und Pfeffer abschmecken.

Das passt dazu Amaranthpattys (Seite 90).

Ist schnell gemacht

Klassischer Grünkohlsalat

2 Portionen
⊘ 10 Min.

6−8 Blätter Grünkohl • Meersalz • 2 EL Olivenöl • Saft von ½ Zitrone • schwarzer Pfeffer

● Die Grünkohlblätter vom Stängel zupfen oder abschneiden. In mundgerechte Stücke zupfen. Gut waschen und abtropfen lassen oder in einer Salatschleuder trocknen.

● Die Blätter in eine Schüssel geben. Eine großzügige Prise Salz darübergeben und den Grünkohl mit dem Salz massieren, das macht die Blätter schön weich.

● Das Olivenöl und den Zitronensaft darübergeben. Eventuell noch etwas Salz dazugeben und mit Pfeffer abschmecken. Auf Tellern anrichten und servieren.

Das passt dazu Walnussbrot (Seite 105) mit Rote-Bete-Creme (Seite 66).

Mit Avocado-Tahini-Dressing
Bunter Grünkohlsalat

2 Portionen
⊘ 20 Min.

- 6–8 Blätter Grünkohl
- Meersalz
- 1 Karotte
- 1 Fenchelknolle
- 1 reife Avocado
- Saft von ½ Zitrone
- 3 EL Olivenöl
- 1 EL Tahini
- schwarzer Pfeffer

● Die Grünkohlblätter vom Stängel zupfen oder abschneiden. In mundgerechte Stücke zupfen. Gut waschen und abtropfen lassen oder in einer Salatschleuder trocknen. Grünkohlblättchen in eine große Schüssel geben.

● Die Karotte schälen und mit einem Sparschäler in Streifen schneiden. Die Fenchelknolle waschen und den Strunk entfernen. Die Knolle halbieren und in feine Streifen schneiden. Die Karotte und den Fenchel samt Fenchelgrün zum Grünkohl geben.

● Die Avocado halbieren und den Kern entfernen. Beide Hälften aus der Schale heben. Eine Hälfte würfeln und ebenfalls in die Schüssel geben.

● Für das Dressing die andere Hälfte der Avocado in einer kleinen Schüssel mit einer Gabel zerdrücken. Den Zitronensaft, das Olivenöl und das Tahini dazugeben. Zu einer cremigen Masse verrühren. Eventuell 1–2 EL Wasser für eine feinere Konsistenz dazugeben.

● Mit Salz und Pfeffer abschmecken. Das Dressing über den Salat geben und alles gut vermengen. Auf Tellern anrichten und servieren.

Mit Sprossen, Birnen und Avocadodressing
Großer grüner Super-Salat

2 Portionen
⊘ 20 Min.

- 2 Handvoll Baby-Blatt-spinat
- ½ Kopf Eichblattsalat
- 1 Handvoll Rukola
- 1 reife, weiche Birne
- 1 Bund gemischte frische Kräuter (Petersilie, Dill, Kerbel, Basilikum, Schnittlauch)
- 1 kleine Handvoll Sprossen

Avocadodressing:
- 1 reife Avocado
- Saft von 1 Zitrone
- 1 TL Olivenöl
- 1 TL Agavendicksaft
- 2–3 TL Wasser
- Meersalz
- schwarzer Pfeffer

● Spinat, Eichblattsalat und Rukola waschen. Gut abtropfen lassen oder in einer Salatschleuder trocknen. Die Birne waschen, vierteln und das Kerngehäuse entfernen.

● Die Kräuter waschen, abtrocken und fein hacken. Die Sprossen waschen und abtropfen lassen. Das Blattgrün, Birne, Kräuter und Sprossen in eine große Schüssel geben.

● Für das Dressing die Avocado in der Mitte aufschneiden, den Kern entfernen und das Fruchtfleisch in einen Mixer löffeln. Dazu den Zitronensaft, Olivenöl und Agavendicksaft geben. Zusammen mit dem Wasser pürieren, bis die gewünschte Konsistenz erreicht ist. Das Dressing mit Salz und Pfeffer abschmecken.

● Das Avocado-Dressing über den Salat geben und alles vermischen. Auf Tellern anrichten und servieren.

Tipp Die Menge für das Dressing ist großzügig bemessen – falls ein Rest übrig bleibt, kann er im Kühlschrank für den nächsten Tag aufbewahrt werden.

Ein Hauch von Orient
Süßlupinen-Falafel

12–14 Falafel
⊘ 20 Min.

- 4 Stängel glatte Petersilie
- 2 Stängel Minze
- 1 kleine Zwiebel

- 2 Knoblauchzehen
- 1 TL Kumin
- 1 TL Kurkuma
- 1 TL Meersalz

- 1 Tasse Süßlupinenmehl
- 1 ½ Tassen Wasser
- Bratöl

● Petersilie und Minze waschen und abtropfen lassen. Die Blätter vom Stiel zupfen und fein hacken. Die Zwiebel und den Knoblauch abziehen und ebenfalls fein hacken.

● In einer Schüssel die Kräuter mit der Zwiebel und dem Knoblauch sowie dem Kumin, Kurkuma, Salz, Süßlupinenmehl und Wasser vermischen. Mit den Händen zu einer einheitlichen Masse verarbeiten.

● 12–14 Falafel-Taler formen. Den Boden einer großen Pfanne etwa 1 cm mit Bratöl bedecken und erhitzen. Die Taler vorsichtig ins heiße Öl geben und von jeder Seite etwa 2 Min. lang braten.

● Sobald die Süßlupinen-Falafel braun sind, aus der Pfanne nehmen und auf einem Küchenkrepp abtropfen lassen.

Das passt dazu Cashewcreme mit Kräutern (Seite 64), Rote-Bete-Hummus (Seite 64).

Diese Suppe liebt jeder
Zitronensuppe mit Quinoa

2 Portionen
⊘ 50 Min.

- 1 kleine Zwiebel
- 2 Karotten
- ½ Bund Staudensellerie
- 1 Lauchstange
- 1 EL Sonnenblumenöl
- 600 ml Gemüsebrühe
- 2 Zweige Rosmarin
- 4 EL Quinoa
- 60 ml Hafersahne
- Saft und abgeriebene
- Schale von 1 Zitrone
- Meersalz
- schwarzer Pfeffer

● Die Zwiebel und die Karotten schälen und in feine Würfel schneiden. Den Lauch und die Staudensellerie waschen und in feine Streifen schneiden. Zum Garnieren einige Blätter vom Staudensellerie zur Seite legen.

● Das Gemüse in Sonnenblumenöl anbraten und mit der Gemüsebrühe ablöschen. 15 Min. auf niedriger Stufe köcheln lassen und dann direkt im Topf pürieren.

● Den Quinoa in einem feinen Sieb mit heißem Wasser abwaschen. Den Rosmarin (in einem Gewürzsieb) und den Quinoa in die Suppe geben und noch einmal 20 Min. auf niedriger Stufe kochen. Dann den Rosmarin entfernen.

● Die Suppe mit der Hafersahne, dem Zitronenabrieb und dem Zitronensaft sowie Pfeffer abschmecken. Eventuell mit Salz würzen. Die Blätter vom Staudensellerie klein hacken. Die Suppe auf Tellern anrichten und mit den Blättern garnieren.

Superfastfood
Amaranth-Burger

4 Burger-Pattys
◷ 45 Min. + 25 Min. Backzeit

Für die Pattys:
- ¼ Tasse Amaranth
- 1 Zweig Thymian
- 2 Knoblauchzehen
- 1 Schalotte
- 1 EL Bratöl
- 4 Zweige glatte Petersilie
- ½ Chilischote
- 1 ½ Tassen schwarze Bohnen (gekocht)
- Paprikapulver
- 2 TL Buchweizen- oder Weizenmehl
- Meersalz
- schwarzer Pfeffer

Für die Burger:
- 4 Salatblätter
- 1 kleine Rote Bete
- 1 kleine reife Avocado
- Zitronensaft
- 4 körnige Vollkornbrötchen
- Cashewcreme mit Kräutern (Seite 64)
- Meersalz
- schwarzer Pfeffer

● Den Backofen auf 200 Grad (Umluft 180 Grad) vorheizen. Amaranth in einem Sieb waschen, abtropfen lassen, in einen Topf geben und bei mittlerer Hitze ½ Min. anrösten. Den Thymian waschen und fein hacken. Eine ¾ Tasse Wasser, Salz und Thymian zum Amaranth geben, aufkochen und bei mittlerer Hitze 20 Min. kochen.

● Knoblauch und Schalotte abziehen, fein hacken und in einer Pfanne im Bratöl glasig dünsten.

● Die Petersilie waschen und fein hacken. Chili entkernen und klein schneiden. Gekochte Bohnen, Paprikapulver, Chili, Knoblauch, Schalotten und Petersilie mit einer Gabel zerkleinern und mit dem Mehl vermischen. Den abgekühlten Amaranth dazugeben. Mit Salz und Pfeffer abschmecken.

● Ein Backblech mit Backpapier auslegen. Aus der Masse 4 Pattys (Ø 7 cm) formen und 25 Min. backen, nach 15 Min. die Bratlinge wenden.

● Die Salatblätter waschen und abtropfen lassen. Die Rote Bete schälen und fein reiben. Die Avocado aufschneiden, den Kern entfernen und das Fruchtfleisch mit einer Gabel zerdrücken. Damit die Avocado nicht braun wird, einen Spritzer Zitronensaft untermischen.

● Die Brötchen aufschneiden und die untere Hälfte mit der Cashewcreme bestreichen. Mit je einem Salatblatt und einem Patty belegen. Etwas geriebene Rote Bete und Avocado daraufsetzen, mit Salz und Pfeffer würzen und die obere Brötchenhälfte auflegen.

Kartoffelchips waren gestern
Würzige Grünkohlchips

2 Portionen
⊘ 10 Min. + 40 Min. Backzeit oder 20 Std. Dörrzeit

• 10–15 Blätter Grünkohl   • 1 TL Olivenöl   • grobes Meersalz

• **Zubereitung im Backofen:** Den Ofen auf 120 Grad (Umluft 100 Grad) vorheizen.

• Die Grünkohlblätter vom Stängel zupfen oder abschneiden. In mundgerechte Stücke zupfen. Gut waschen und abtropfen lassen oder in einer Salatschleuder trocknen. Überschüssiges Wasser mit Küchenkrepp abtupfen, vor der Weiterverarbeitung müssen die Blätter ganz trocken sein.

• Die Blätter in einer großen Schüssel mit Öl beträufeln. Das Öl in die Blätter einmassieren, anschließend mit dem Meersalz bestreuen.

• Die Blätter auf einem mit Backpapier ausgelegten Backblech nebeneinander verteilen, sie sollten nicht überlappen und gut ausgebreitet sein, damit sie gleichmäßig trocknen. Die Chips auf mittlerer Schiene etwa 40 Min. trocknen lassen. Zwischendurch nachsehen, ob sie schon knusprig sind. Die Ofentür zwischendurch immer wieder öffnen, damit der Dampf entweichen kann.

• **Zubereitung im Dörrgerät:** Die Blätter gleichmäßig auf den Einlegegittern verteilen, so dass sie sich nicht überdecken. Bei 42 Grad 15–20 Std. trocknen lassen. Eventuell nachsalzen und gleich servieren.

• In einem Schraubglas können die Chips einige Tage aufbewahrt werden.

Variante Für käsige Grünkohlchips 1 EL Tamari, 3 EL Hefeflocken und 1 Prise Chilipulver mit 1 EL Olivenöl verrühren und die Grünkohlblätter gleichmäßig mit der Marinade einreiben. Dann mit Meersalz bestreuen.

Kann man super gemeinsam zubereiten

Wrap mit Guacamole und Sprossen

2 Portionen
⊘ 30 Min.

- 2 Frühlingszwiebeln
- 4 Stängel Koriandergrün
- ½ Knoblauchzehe
- ½ Chilischote
- 2 kleine reife Avocado

- 3 Kirschtomaten
- Saft von 1 Limette
- Meersalz
- schwarzer Pfeffer
- 2–4 Weizenfladen

(Wrap-Tortillas)
- 1–2 Karotten
- 1 Tasse Sprossen
- 1 Handvoll Salatblätter

● Frühlingszwiebeln waschen und putzen. Koriander waschen und abtropfen lassen. Knoblauch abziehen. Frühlingszwiebeln, Koriander, Knoblauch und Chilischote im Mixer pürieren.

● Die Avocado halbieren, den Kern entfernen und das Fruchtfleisch in eine Schüssel löffeln. Die Kirschtomaten waschen und vierteln. Avocado zusammen mit dem Limettensaft und den Kirschtomaten grob mit einer Gabel zerdrücken. Den Gewürz-Kräuter-Mix zugeben und vermischen. Mit Salz und Pfeffer abschmecken.

● Die Weizenfladen in einer Pfanne ohne Öl kurz von beiden Seiten erhitzen. Jeweils 2–3 EL Guacamole auf den Fladen verteilen, dabei die Ränder frei lassen. Die Karotten schälen und mit einem Sparschäler in feine Streifen schneiden. Die Sprossen und die Salatblätter waschen und abtropfen lassen.

● Karottenstreifen, Sprossen und Salatblätter auf den Weizenfladen verteilen, zusammenrollen und in der Mitte teilen. Auf einem Teller anrichten.

Variante Geröstete Nüsse, geriebene Rote Bete und gemischte Kräuter können ebenfalls in Wraps gerollt werden. Statt Guacamole die Cashewcreme mit Kräutern (Seite 64), der Rote-Bete-Hummus (Seite 64) oder der Süßlupinen-Hummus (Seite 63) als Grundlage auf den Fladen verteilen.

So schön cremig
Pesto mit Avocado

Pasta mit dem gewissen Extra
Wildkräuterpesto

2 Portionen
⊘ 25 Min.

1 reife Avocado • ½ Bund Basilikum •
¼ Tasse Pinienkerne • ¼ Tasse Cashewkerne • 1 Knoblauchzehe • 2–3 EL Olivenöl • Meersalz • schwarzer Pfeffer •
250 g Farfalle

● Pinienkerne ohne Öl in einer Pfanne
anrösten. Avocado halbieren, den Kern
entfernen. Fruchtfleisch herauslöffeln
und in den Mixer geben. Basilikumblätter waschen und abtropfen lassen.
Knoblauch abziehen. Knoblauch, Basilikum, Cashewkerne und Pinienkerne
in den Mixer geben. Das Olivenöl während des Püriervorgangs dazugießen,
bis die gewünschte Konsistenz und
Cremigkeit erreicht ist. Mit Salz und
Pfeffer abschmecken.

● Die Farfalle nach Packungsanweisung kochen. Die Nudeln in ein Sieb
abgießen und auf Teller verteilen. Das
Pesto auf die dampfende Pasta geben
und sofort servieren.

2 Portionen
⊘ 20 Min.

250 g Penne • ½ Bund gemischte
Wildkräuter (Brennnessel, Bärlauch,
Giersch) • 3 Stängel glatte Petersilie •
½ Bund Rukola • 1 EL Pinienkerne •
1 Knoblauchzehe • Saft und abgeriebene
Schale von ½ Zitrone • 2–3 EL Meersalz • schwarzer Pfeffer

● Die Penne nach Packungsanweisung
kochen. Wildkräuter, Petersilie und
Rukola waschen und abtropfen lassen.
Die Pinienkerne in einer Pfanne ohne
Fett anrösten. Knoblauch abziehen.
Kräuter, Pinienkerne, Knoblauch und
Zitrusabrieb in den Mixer geben. Wäh-
rend des Püriervorgangs das Olivenöl
dazugießen. Mit Salz, Pfeffer und Zitro-
nensaft abschmecken.

● Die Nudeln in ein Sieb abgießen und
auf Teller verteilen. Das Pesto auf die
Pasta geben und sofort servieren.

●▸ Pesto mit Avocado

Für etwas mehr Zeit

Ideal an kalten Winterabenden

Karamellisiertes Ofengemüse

2 Portionen
⊘ 15 Min. + 30 Min. Backzeit

1 mittelgroße Süßkartoffel • 1 Karotte •
2 Kartoffeln • ½ kleiner Hokkaido-Kürbis • 3 Thymianzweige • 4 EL Olivenöl •
2 EL Agavendicksaft • Meersalz • Pfeffer •
3 Knoblauchzehen

● Den Backofen auf 200 Grad (Umluft 180 Grad) vorheizen. Das Gemüse
schälen, in mundgerechte Stücke
schneiden und in eine ofenfeste Back-
form geben. Thymian grob hacken. Mit
Olivenöl und Agavendicksaft mischen,
über das Gemüse geben und vermischen. Mit Salz und Pfeffer würzen.

● Knoblauch abziehen, halbieren und
in der Form verteilen. Nach dem Backen entfernen und nicht mitessen.
Das Gemüse 25–30 Min. backen, bis es
weich ist. Nach 15 Min. einmal wenden.

Das passt dazu Rote-Bete-Hummus
(Seite 64), Rote-Bete-Creme (Seite 66)
und Cashewcreme mit Kräutern
(Seite 64).

Der italienische Klassiker

Spaghetti mit Süßlupinen-Bolognese

2 Portionen
⊘ 90 Min.

- ½ Tasse Süßlupinen (»Kernies«)
- 1 Tasse Gemüsebrühe
- 1 kleine Zwiebel
- 1 Knoblauchzehe (optional)
- 1 Karotte
- 1 Stange Staudensellerie
- 2 EL Sonnenblumenöl
- 1 TL Tomatenmark
- 30 ml veganer Rotwein (oder Gemüsebrühe)
- 400 ml passierte Tomaten oder 1 kleine Dose ganze Tomaten
- Oregano
- Paprikapulver
- Currypulver
- Meersalz
- schwarzer Pfeffer
- 1 Prise Zucker
- 1 Schuss Hafersahne
- 250 g Spaghetti
- glatte Petersilie

● Süßlupinen-Kernies mit kochender Gemüsebrühe übergießen und 20 Min. zugedeckt quellen lassen. Zwiebel und Karotte schälen und klein würfeln. Staudensellerie waschen und in dünne Scheiben schneiden. Zwiebeln, Karotte und Staudensellerie im Öl andünsten.

● Gemüse nach 2–3 Min. zur Seite schieben und das Tomatenmark in den Topf geben. Kurz anrösten, Süßlupinen-Kernies hinzufügen und alles vermischen. Mit Rotwein ablöschen, kurz einkochen lassen, die Tomaten dazugießen und mit Oregano, Paprika- und Currypulver würzen. Zucker zugeben und mit Salz und Pfeffer abschmecken.

● Mindestens 30 Min., lieber 60 Min. auf niedriger Hitze köcheln lassen, bis eine dicke Sauce entsteht. Nach Geschmack mit Hafersahne verfeinern und mit Salz und Pfeffer abschmecken.

● Die Spaghetti kochen und in ein Sieb abgießen. Die dampfende Pasta auf Teller geben und mit Süßlupinen-Bolognese bedecken. Die Petersilie waschen, fein hacken und das Gericht garnieren. Sofort servieren.

Eine gelungene Mischung

Süßkartoffelbratlinge mit Roter Bete

6 Bratlinge
⊘ 40 Min.

- 1 große Süßkartoffel
- Meersalz
- 1 kleine Rote Bete
- ½ Tasse Pistazien
- ½ Tasse Cashewkerne
- ½ Bund glatte Petersilie
- 2 Knoblauchzehen
- 2 EL Tahini
- 3 EL Olivenöl
- ½ Tasse Buchweizen-
mehl
- schwarzer Pfeffer
- 3 EL Sonnenblumenöl
- große Salatblätter
- Sprossen

● Die Süßkartoffel schälen, grob würfeln und in leicht gesalzenem Wasser kochen, bis sie weich ist. Wasser abgießen und abkühlen lassen. Rote Bete schälen und fein hobeln. Pistazien und Cashewkerne klein hacken. Die Petersilie waschen und fein hacken. Knoblauch abziehen und klein schneiden.

● Süßkartoffeln mit einer Gabel zu einer cremigen Masse verarbeiten und in eine Schüssel geben. Rote Bete, Nüsse, Kräuter, Tahini, Olivenöl und Mehl zugeben und mit den Händen zu einer gleichmäßigen Masse kneten. Mit Salz und Pfeffer würzen.

● Die Süßkartoffelmasse zu Bratlingen formen. Das Sonnenblumenöl in eine Pfanne geben und erhitzen. Die Bratlinge vorsichtig hineingeben und von jeder Seite etwa 5 Min. anbraten, bis sie schön braun sind.

● Die Salatblätter und Sprossen waschen und abtropfen lassen. Je einen warmen Bratling mit der Cashewcreme mit Kräutern (Seite 64) oder dem Süßlupinen-Hummus (Seite 63) zusammen mit den Sprossen in ein Salatblatt einwickeln.

Tipp Die Bratlinge können im Kühlschrank aufbewahrt werden und schmecken auch kalt köstlich.

Ein roter Genuss
Risotto mit Roter Bete

2 Portionen
⊘ 40 Min.

2 kleine oder 1 mittelgroße Rote Bete • 4–6 Tassen heiße Gemüsebrühe • 2 EL Olivenöl • 1 Schalotte • 1 ½ Tassen Risottoreis • Optional: veganer Weißwein zum Ablöschen • Meersalz • Pfeffer • 1 TL Margarine • Kresse zum Garnieren

● Rote Bete in einen Entsafter geben und Saft zur Seite stellen. Schalotte abziehen, klein würfeln und im Olivenöl glasig dünsten. Reis zufügen und unter Rühren glasig dünsten. Mit dem Weißwein ablöschen.

● 2 Tassen Gemüsebrühe dazugeben und bei mittlerer Hitze ständig rühren, bis der Reis die Flüssigkeit aufgesogen hat. Wiederholen, bis der Reis fertig gekocht ist (20–25 Min.). Der Reis sollte cremig und weich sein.

● Topf vom Herd nehmen und den Rote-Bete-Saft sowie die Margarine unterrühren. Mit Salz und Pfeffer abschmecken und mit Kresse garnieren.

Ein cremiges Reisvergnügen
Risotto mit Süßkartoffeln und Salbei

2 Portionen
⊘ 40 Min.

1 kleine Süßkartoffel • 1 Schalotte • 2 EL Olivenöl • 1 ¼ Tasse Risottoreis • 4–6 Tassen heiße Gemüsebrühe • 1 Zweig Salbei • Meersalz • schwarzer Pfeffer

● Die Süßkartoffel schälen und in 1 cm große Würfel schneiden. Die Schalotte abziehen, klein würfeln und im Olivenöl glasig dünsten. Die Süßkartoffeln und den Reis zufügen und gut verrühren. 2 Tassen Gemüsebrühe dazugeben und bei mittlerer Hitze ständig rühren, bis der Reis die Flüssigkeit aufgesogen hat. Wiederholen, bis der Reis fertig gekocht ist, das dauert 20–25 Min. Der Reis sollte cremig und weich sein.

● Tiefe Teller im Backofen vorwärmen. Die Salbeiblätter waschen und in feine Streifen schneiden. Ins Risotto rühren. Mit Meersalz und Pfeffer abschmecken. Das Risotto auf Tellern anrichten und sofort servieren.

❖ Risotto mit Süßkartoffeln und Salbei

Mit Erbsen und Kräutern
Grünes Risotto

2 Portionen
⊘ 40 Min.

- 1 Schalotte
- 2 EL Olivenöl
- 1 ½ Tasse Risottoreis
- Optional: veganer Weißwein zum Ablöschen
- ½ Tasse Erbsen (tiefgekühlt)
- 4–6 Tassen heiße Gemüsebrühe
- ½ Bund frische gemischte Kräuter (glatte Petersilie, Salbei, Thymian, Kerbel, Schnittlauch)
- Meersalz
- schwarzer Pfeffer
- Basilikumblätter zum Garnieren

● Die Schalotte abziehen, klein schneiden und im Olivenöl glasig dünsten. Den Reis hinzufügen und unter Rühren glasig dünsten. Mit dem Weißwein ablöschen. Die Erbsen dazugeben und gut mit dem Reis verrühren.

● 2 Tassen Gemüsebrühe dazugeben und bei mittlerer Hitze ständig rühren, bis der Reis die Flüssigkeit aufgesogen hat. Wiederholen, bis der Reis fertig gekocht ist – das dauert 20–25 Min. Der Reis sollte cremig und weich sein.

● Die Kräuter waschen, abtropfen lassen und fein hacken. Tiefe Teller im Backofen vorwärmen. Etwa 5 Min. bevor der Reis die gewünschte Konsistenz erreicht hat die Kräuter unterrühren.

● Sobald der Reis fertig ist den Topf vom Herd nehmen und mit Salz und Pfeffer abschmecken. Die Basilikumblätter waschen, in feine Streifen schneiden und damit das Risotto garnieren. Sofort servieren.

Herzhaft oder süß

Süßkartoffelpuffer

Risotto mal ganz anders

Quinoa-Risotto

7 Puffer
⊘ 30 Min.

1 kleine Süßkartoffel • 1 Karotte • 1 Zwiebel • ½ Bund glatte Petersilie • 2 EL Sojamehl • 1 EL Buchweizenmehl • 4 EL Wasser • Meersalz • schwarzer Pfeffer • Öl zum Braten

● Süßkartoffel und Karotte schälen und fein reiben. Die Zwiebel abziehen und in Würfel schneiden. Petersilienblätter grob hacken. In einer Schüssel alle Zutaten vermengen. Kräftig mit Salz und Pfeffer würzen.

● Das Öl in einer Pfanne erhitzen und löffelweise die Puffer formen. Auf jeder Seite 3–4 Min. anbraten, bis sie knusprig braun sind. Die Süßkartoffelpuffer auf Küchenkrepp setzen und das Fett abtupfen.

Das passt dazu Die Guacamole aus dem Rezept für Wraps (Seite 93) oder Apfelmus, in das 1–2 EL Sanddornchutney (Seite 104) eingerührt werden.

2 Portionen
⊘ 40 Min.

1 Schalotte • 1 Knoblauchzehe • 1 Karotte • 1 kleine Zucchini • 1 Frühlingszwiebel • 1 Msp. Kurkuma • 1 Tasse Quinoa • Meersalz • Pfeffer • 2 ½ Tassen heiße Gemüsebrühe • 1 Handvoll Sprossen

● Schalotte und Knoblauch abziehen und würfeln. Karotte schälen. Zucchini und Frühlingszwiebel waschen und putzen. Frühlingszwiebel in dünne Steifen schneiden. Karotte und Zucchini fein würfen.

● Schalotte, Knoblauch und das Gemüse im Öl andünsten. Kurkuma dazugeben. Quinoa in einem Sieb heiß abspülen, abtropfen lassen, unter das Gemüse heben und mit Salz und Pfeffer würzen. Die Gemüsebrühe zugeben und halb zugedeckt bei schwacher Hitze 20 Min. kochen lassen, bis die Körner weich sind. Dabei gelegentlich umrühren. Die Sprossen waschen und damit das Quinoa-Risotto garnieren.

Es muss nicht immer Mango sein

Sanddornchutney

2–3 Gläser
⊘ 40 Min.

- 2 mittelgroße rote Zwiebeln
- 1 rote Chilischote
- 2 Orangen
- 2 EL Sonnenblumenöl
- 250 g frische Sanddornbeeren oder 150 g getrocknete Sanddornbeeren
- 100 ml Rotwein
- 100 ml Apfelessig
- 125 g Rohrohrzucker
- 2 EL gemahlener Koriander
- 1–2 TL veganes Geliermittel

● Die Zwiebeln abziehen. Die Chilischote waschen, aufschneiden und die Kerne entfernen. Beides in kleine Würfel schneiden.

● Die Orangen waschen und die Schale mit einer Reibe fein abreiben. Die Orangen filetieren, den Saft auffangen und die Reste ausdrücken.

● Zwiebeln und Chili im Sonnenblumenöl andünsten und die Sanddornbeeren dazugeben. Mit Wein und Essig ablöschen. 10 Min. bei niedriger Hitze köcheln lassen. Den Orangensaft mit Wasser auf 150 ml Flüssigkeit auffüllen und zusammen mit den Orangenfilets, dem Zitrusabrieb sowie dem Zucker dazugeben. Weitere 10 Min. bei niedriger Hitze eindicken lassen, bis eine marmeladenartige Konsistenz entsteht. Dann die Herdplatte ausschalten.

● Das Geliermittel in den Topf geben und einrühren. Den Topf noch einige Minuten auf dem Herd stehen lassen.

● Das heiße Sanddornchutney in saubere Einmachgläser füllen. Kann im Kühlschrank mehrere Monate aufbewahrt werden.

Tipp Wenn getrocknete Sanddornbeeren verwendet werden, mehr Wasser verwenden.

Die Mühe lohnt sich

Walnussbrot

2 Laibe
⊘ 30 Min. + 2 ¾ Std. Ruhezeit + 30 Min. Backzeit

- 15 g frische Hefe
- 200–250 ml lauwarmes Wasser
- 450 g Weizenmehl
- ½ TL Meersalz
- 1 Tasse Walnusskerne
- 3 EL Olivenöl

● Die Hefe in einer kleinen Schüssel in wenig Wasser einrühren. Mit einem Tuch bedecken und 15 Min. gehen lassen. Mehl, Salz und Olivenöl in eine Schüssel geben. Die Hefe und das restliche Wasser hinzufügen und alles zu einem festen und klebrigen Teig vermengen. Eventuell etwas Wasser zufügen.

● Den Teig 5–10 Min. kneten, bis er glatt und geschmeidig ist. Die Walnüsse grob hacken und unterkneten. Die Teigoberfläche rundum mit ein wenig Olivenöl einpinseln und den Teig in eine Schüssel legen. Die Schüssel mit einem feuchten Tuch abdecken und den Teig an einem warmen Ort 1 ½ Std. gehen lassen, bis er sein Volumen verdoppelt hat.

● Den Teig erneut durchkneten. In zwei gleich große Kugeln teilen und zu Brotlaiben formen. Diese auf ein mit Backpapier ausgelegtes Backblech legen. Mit einem Tuch bedecken und 1 Std. gehen lassen.

● Den Backofen auf 240 Grad (Umluft 220 Grad) vorheizen. Die Brotlaibe mit etwas Wasser einpinseln und 30 Min. backen. Die Laibe sind fertig, wenn es beim Klopfen der Unterseite hohl klingt. Walnussbrote einem Gitterrost auskühlen lassen.

Das passt dazu Cashewcreme mit Kräutern (Seite 64), Rote-Bete-Hummus (Seite 64), Süßlupinen-Hummus (Seite 63), Rote-Bete-Creme (Seite 66), Walnusscreme mit Kresse (Seite 65), Kräuterbutter (Seite 66) und Nussbutter (Seite 69).

Heizt garantiert ein

Chili mit Süßlupinen

2 Portionen
⊘ 60 Min.

- 1 Tasse Süßlupinen »Kernies«
- 1 ½ Tassen kochende Gemüsebrühe
- 2 kleine Zwiebeln
- 1 Knoblauchzehe

- 3 EL Olivenöl
- 1 ½ Tassen rote Bohnen (gekocht)
- 1 kleine Dose geschälte Tomaten
- Meersalz

- schwarzer Pfeffer
- Thymian
- Cayennepfeffer
- 1 kleine Handvoll glatte Petersilie

● Die Süßlupinen-Kernies mit kochender Gemüsebrühe übergießen und 20 Min. zugedeckt quellen lassen.

● Die Zwiebeln und die Knoblauchzehe abziehen. Die Zwiebeln in dünne Ringe schneiden und den Knoblauch klein hacken. In einem Topf die Zwiebeln und den Knoblauch andünsten. Die Süßlupinen-Kernies hinzufügen und 2–3 Min. anbraten.

● Die Bohnen abtropfen lassen und zusammen mit den Tomaten und deren Saft dazugeben. Mit Salz, Pfeffer und Thymian würzen. Je nach gewünschter Schärfe den Cayennepfeffer hinzufügen.

● Das Chili 20 Min. auf mittlerer Hitze köcheln lassen und nach Bedarf mit Gemüsebrühe aufgießen. Die Petersilie waschen, abtropfen lassen und fein hacken. Das Chili abschmecken und mit der Petersilie anrichten.

Das passt dazu Ein Klecks Cashewcreme (Seite 64), ohne Kräuter zubereiten).

Pizza völlig neu interpretiert

Pizza mit Süßkartoffeln und Sanddornchutney

2 Portionen
⏲ 30 Min. + 80 Min. Backzeit

Für den Belag:
- 1 große Süßkartoffel
- 1 kleiner Hokkaido-Kürbis
- 2 Knoblauchzehen
- 1 Zweig Thymian
- 1 Zweig Rosmarin
- Olivenöl
- grobes Meersalz
- schwarzer Pfeffer
- gemahlener Koriander
- 1 EL Tomatenmark
- 2–3 Tassen Gemüsebrühe
- Sanddornchutney (Seite 104)
- 1 Bund Rukola

Für den Teig:
- 300 g Weizenmehl
- ½ Würfel Hefe
- ½ TL Meersalz
- 200 ml lauwarmes Wasser

● Den Backofen auf 200 Grad (Umluft 180 Grad) vorheizen.

● Die Süßkartoffel schälen. Den Kürbis waschen, halbieren und das Fruchtfleisch und den Strunk entfernen. Eine Hälfte der Süßkartoffel und des Kürbis in kleine Würfel schneiden. Die jeweils anderen Hälften in schmale Scheiben schneiden.

● Knoblauchzehen abziehen und halbieren. Süßkartoffelscheiben, Knoblauch und Kürbisscheiben mit dem Thymian und Rosmarin in eine Auflaufform geben. Großzügig mit Olivenöl beträufeln und mit Salz und Pfeffer würzen. In den Backofen schieben und 20 Min. backen, bis das Gemüse fast weich ist. Aus dem Ofen nehmen, die Kräuter entfernen und die Knoblauchzehen zur Seite legen.

● Gewürfelte Süßkartoffeln und Kürbis in einer Pfanne in etwas Olivenöl anbraten. Knoblauchzehen dazugeben. Das Tomatenmark auf den Boden der Pfanne geben und leicht anrösten. Mit 2 Tassen Gemüsebrühe ablöschen. Auf mittlerer Hitze köcheln lassen, bis das Gemüse mit einer Gabel leicht zu einem Brei zerdrückt werden kann. Die restliche Gemüsebrühe zugeben, bis ein Püree entsteht. Es muss nicht ganz glatt sein und darf noch Stücke enthalten. Mit Salz, Pfeffer und Koriander abschmecken und vom Herd nehmen.

● Den Backofen auf 220 Grad (Umluft 200 Grad) hochschalten.

● Mehl, Hefe und Salz in die Küchenmaschine geben. Die Maschine einschalten und langsam das Wasser dazugießen. So lange kneten, bis ein weicher Teig entsteht, der sich vom Schüsselrand löst. Den Teig aus der Schüssel nehmen, in zwei Hälften teilen und je eine Hälfte dünn auf einem mit Backpapier ausgelegten Backblech ausrollen.

● Das Süßkartoffel-Kürbis-Püree auf dem Teig verteilen und die dann die Süßkartoffel- und Kürbisscheiben aus dem Ofen dazugeben.

● Die Pizza auf die untere Schiene in den Backofen schieben und 30 Min. backen, bis die Teigränder hellbraun und knusprig sind. Wenn die erste Pizza im Ofen ist, den zweiten Teig ausrollen und mit dem Püree und den Süßkartoffel- und Kürbisscheiben Scheiben belegen. Sobald die erste Pizza fertig ist, die zweite in den Ofen schieben.

● Den Rukola waschen und abtropfen lassen oder in einer Salatschleuder trocknen. Die Rukola-Blätter auf der fertigen Pizza verteilen und mit etwas Olivenöl beträufeln. Die Pizza in Stücke schneiden und mit Sanddornchutney servieren.

Süßes

Mein Lieblingseis

Schokoeis mit Cashewkernen

2 Portionen
⊘ 10 Min. + 30 Min. + 6 Std. Gefrierzeit

1 Tasse Cashewkerne • 1 Tasse Cashew-milch • 5 Medjool-Datteln • 4 TL Kakao-pulver • 1 Msp. Vanillepulver

● Die Cashewkerne zusammen mit der Cashewmilch, den Datteln, dem Kakao-pulver und dem Vanillepulver im Mi-xer pürieren. Die Masse in die Eisma-schine füllen und zu Eis verarbeiten. In einer flachen Dose einfrieren. Das Eis 10 Min. vor dem Servieren aus dem Eisfach nehmen. Zu Kugeln formen und servieren.

● **Zubereitung ohne Eismaschine:** Die Masse in einem passenden Behälter ins Eisfach geben und jede halbe Std. um-rühren (5–6 Mal wiederholen, bis die gewünschte Konsistenz erreicht ist).

Das passt dazu 1 EL der süßen Cashew-kerne (Seite 74) kleingehackt darüber-geben.

So cremig und lecker

Schokomousse mit Avocado

2 Portionen
⊘ 10 Min.

10 Datteln oder 5 Medjool-Datteln •
2 reife Avocados • 1 EL Kokosöl • 3 EL
Kakaopulver • ½ Tasse Wasser • 1 Msp.
Vanillepulver • Beeren und Minzeblätter
zum Garnieren

● Die Datteln 1 Std. in Wasser einweichen (Medjool-Datteln müssen nicht eingeweicht werden).

● Die Avocados halbieren, den Kern entfernen und das Fruchtfleisch herauslöffeln. Avocadofruchtfleisch, Datteln, Kokosöl, Kakaopulver, ½ Tasse Wasser und Vanillepulver in den Mixer geben und zu einer cremigen Masse pürieren.

● In eine Schüssel füllen und im Kühlschrank kalt stellen. Mit frischen Beeren und etwas Minze servieren.

Sommerlich fruchtig

Himbeer-Basilikum-Eis

2 Portionen
⊘ 50 Min.

300 g tiefgefrorene Himbeeren • 150 g
Cashewkerne • 1 Tasse Sirup (Agaven,
Reis oder Kokosblüten) • 1 große Handvoll (rotes) Basilikum • Himbeeren zum
Garnieren

● Himbeeren, Cashewkerne und Sirup im Mixer zu einer cremigen Masse pürieren. Basilikum waschen, grob hacken und unter die Masse geben. In die Eismaschine füllen und zu Eis verarbeiten. In einer flachen Dose einfrieren. Das Eis 10 Min. vor dem Servieren aus dem Eisfach nehmen. Zu Kugeln formen und mit frischen Himbeeren garnieren.

● **Zubereitung ohne Eismaschine:** Die Masse in einem passenden Behälter ins Eisfach geben und jede halbe Std. umrühren (5–6 Mal wiederholen, bis die gewünschte Konsistenz erreicht ist).

Antioxidanzien on the rocks

Blaubeereis

2 Portionen
◷ 10 Min. + 30 Min. + 6 Std. Gefrierzeit

1 Tasse Cashewkerne • 1 Tasse Cashew-
milch • 1 ½ Tassen Blaubeeren (frisch
oder tiefgefroren) • 2 EL Agavendicksaft • 1 Msp. Vanillepulver • Blaubeeren
zum Garnieren

● Blaubeeren, Cashewkerne, Cashew-
milch und Agavendicksaft im Mixer zu
einer cremigen Masse pürieren. Die
Masse in die Eismaschine füllen und
zu Eis verarbeiten. In einer flachen
Dose einfrieren. Das Eis 10 Min. vor
dem Servieren aus dem Eisfach nehmen. Zu Kugeln formen und mit frischen Blaubeeren garnieren.

● **Zubereitung ohne Eismaschine:** Die
Masse in einem passenden Behälter ins
Eisfach geben und jede halbe Std. umrühren (5–6 Mal wiederholen, bis die
gewünschte Konsistenz erreicht ist).

Das schnellste Eis der Welt

Bananeneis

2 Portionen
◷ 5 Min.

4 tiefgefrorene Bananen • 2 EL Nussbutter (Seite 69) • 1 Msp. Vanillepulver •
Optional: 1 TL Rote-Bete-Saft

● Die Bananen zusammen mit der
Nussbutter und der Vanille in einen
leistungsstarken Mixer geben und pürieren. Das Eis in Schüsseln anrichten
und servieren.

Tipp Mit dem Rote-Bete-Saft bekommt
das Eis einen schönen rosafarbenen
Ton.

Einfach und schnell gemacht
Sanddorngelee

2 kleine Gläser
⊘ 10 Min.

300 ml Sanddorn-Muttersaft • 200 g Gelierrohrohrzucker 2:1

● Den Sanddorn-Muttersaft mit dem Zucker in einen Topf füllen und zum Kochen bringen. Die Mischung 4–5 Min. kochen lassen.

● Zwei kleine sterilisierte Gläser bereithalten und die kochende Mischung hineinfüllen. Sofort verschließen und zum Abkühlen auf den Kopf stellen.

Das passt dazu Als Aufstrich auf das Walnussbrot (Seite 105) oder einen Klecks davon als Topping für das Geröstete Müsli mit Beeren (Seite 114).

Tipp Marmelade mit frischen Himbeeren oder Blaubeeren: 500 g frische Beeren mit 250 g Gelierrohrohrzucker 2:1 und dem Saft von ½ Zitrone in den Topf geben und zum Kochen bringen. Die weiteren Schritte wie im Rezept beschrieben.

Blitzschnell gemacht
Geröstetes Müsli mit Beeren

Für den Vorrat
⊘ 5 Min. + 30 Min. Backzeit

300 g Haferflocken • 125 ml Apfelsaft • 2 EL Sonnenblumenöl • 80 g Mandeln • 125 g Sonnenblumenkerne • 40 g Kürbiskerne • 40 g Sesamsamen • 30 g Kokosflocken • 125 g getrocknete gemischte Beeren: Blaubeeren, Himbeeren, Brombeeren

● Den Backofen auf 160 Grad (Umluft 140 Grad) vorheizen. Alle Zutaten bis auf die Beeren in einer Schüssel vermischen und auf einem mit Backpapier ausgelegten Backblech verteilen.

● 30 Min. im Ofen backen, bis die Flocken leicht gebräunt sind. Abkühlen lassen und die getrockneten Beeren untermischen.

● Die Mischung in einem luftdicht verschlossenen Gefäß aufbewahren.

◆▸ Sanddorngelee

Grüner Smoothie am Stiel
Avocado-Eis am Stiel

Für 6–8 Eis am Stiel
⏱ 10 Min. + 6 Std. Einfrierzeit

2 reife Avocados • ½ Tasse Agavendicksaft • 1 Tasse Wasser oder Kokosmilch •
3 TL Limettensaft • 1 Prise Salz

● Die Avocados halbieren, den Kern
entfernen und das Fruchtfleisch aus
der Schale löffeln.

● Avocadofruchtfleisch mit Agavendicksaft, Wasser, Limettensaft und Salz
in einen leistungsstarken Mixer geben
und pürieren. Die Masse in Eisförmchen füllen und einfrieren, bis das Eis
nach ca. 6 Std. fest ist.

Mit Ananas und Mango
Grünkohl-Eis am Stiel

Für 6–8 Eis am Stiel
⏱ 10 Min. + 6 Std. Einfrierzeit

3 Stängel Grünkohl • ½ Ananas •
1 Mango • 1 Banane • ¼ Tasse Agavendicksaft • 1 Tasse Kokoswasser

● Den Grünkohl vom Stängel zupfen
oder abschneiden. Die Blätter gründlich waschen und abtropfen lassen.

● Grünkohl, Ananas, geschälte Banane,
Agavendicksaft und Kokoswasser in einen hochleistungsstarken Mixer geben.
1 Min. auf höchster Stufe pürieren, bis
die Masse cremig ist. Die Mischung in
Eisförmchen füllen und einfrieren, bis
das Eis nach 6 Std. fest ist.

Variante Statt Grünkohl kann auch
1 Handvoll Baby-Blattspinat verwendet werden.

Mit Mandelmehl und Quinoa
Beerencrumble

Ungewöhnliche Nudeln
Süße Nudeln mit Blaubeerkompott

2 Portionen
⊘ 10 Min. + 25 Min. Backzeit

2 Tassen frische Beeren • 2 EL Ahornsirup • 1 TL Zitronensaft • ¼ Tassen Mandelmehl • ¼ Tasse Quinoaflocken • 1 Prise Meersalz • 1 Msp. Vanillepulver • 1 Msp. gemahlener Kardamom • 1 TL Kokosöl

● Den Backofen auf 180 Grad (Umluft 160 Grad) vorheizen. Beeren, 1 EL Ahornsirup und Zitronensaft in eine mittelgroße Auflaufform geben.

● Das Mandelmehl, die Quinoaflocken, das Salz, das Vanillepulver und den Kardamom in eine große Schüssel geben. 1 EL Ahornsirup und das Kokosöl hinzufügen und gut vermischen.

● Die Masse über die Beeren streuen und 20–25 Min. backen, bis die Brösel leicht braun sind.

2 Portionen
⊘ 30 Min.

25 g Rohrohrzucker • 30 ml Blaubeersaft • 1 EL Zitronensaft • 250 g Blaubeeren (frisch oder tiefgefroren) • 1 EL Sonnenblumenöl • 20 g pflanzliche Margarine • 250 g gekochte Bandnudeln • 50 g Semmelbrösel • 2 EL Zucker

● Rohrohrzucker, Blaubeer- und Zitronensaft in einer großen Pfanne aufkochen. Nach 1 Min. die Blaubeeren dazugeben und unter gelegentlichem Umrühren einkochen, bis das Kompott eingedickt ist.

● Sonnenblumenöl und Margarine in einer beschichteten Pfanne erhitzen und die Nudeln darin kurz anbraten. Die Semmelbrösel hinzufügen und anbraten, bis sie leicht braun sind. Den Zucker drüberstreuen und die Pfanne noch einige Minuten auf dem Herd stehen lassen. Nudeln auf Tellern anrichten und mit dem Kompott servieren.

Schmeckt nach Sommer

Himbeertarte

1 Tarte (∅ 24 cm)
⊘ 30 Min. + 30 Min. Kühlzeit + 30 Min. Backzeit

Für den Teig:
- 150 g Mehl
- 75 g Zucker
- 75 g kalte pflanzliche Margarine
- 1 Prise Salz

- getrocknete Hülsenfrüchte zum Blindbacken

Für den Belag:
- 2 EL Sanddorngelee (Seite 114)

- ½ l Hafermilch
- 3 EL Zucker
- 40 g Maisstärke
- Mark von 1 Vanillestange
- 500 g Himbeeren
- 1 EL Puderzucker

● Den Backofen auf 180 Grad (Umluft 160 Grad) vorheizen. Mehl, Zucker, kalte Margarine und Salz mit den Händen zu einem Mürbeteig kneten. 30 Min. kühl stellen.

● Den Teig ausrollen und in eine Tarteform (∅ 24 cm) legen. Der Teig sollte bis an den oberen Rand reichen. Den Mürbeteig mit einem Stück Backpapier belegen und mit getrockneten Hülsenfrüchten füllen. Den Boden im Backofen 15 Min. blind backen, dann das Backpapier und die Hülsenfrüchte entfernen und weitere 15 Min. backen, bis er goldbraun ist. Aus dem Ofen nehmen und noch warm mit dem Sanddorngelee bestreichen. Abkühlen lassen.

● 4 EL der Hafermilch, den Zucker, die Maisstärke und das Vanillemark in einer Schüssel verrühren. Die restliche Hafermilch erhitzen und zügig die Stärke-Zucker-Mischung einrühren, so dass keine Klümpchen entstehen. Unter Rühren aufkochen, bis die Masse cremig ist. Noch heiß auf den abgekühlten Mürbeteig gießen.

● Abkühlen lassen und die Himbeeren dicht nebeneinander auf den Pudding setzen. Mit Puderzucker bestäuben.

Ein saftiges Schokovergnügen
Süßkartoffel-Brownies

1 quadratische Form (22 cm)
🕐 40 Min. + eventuell 1 Std. Einweichzeit + 20 Min. Backzeit

- 500 g Süßkartoffeln
- 1 Tasse Datteln ohne Stein oder 5 Medjool-Datteln
- 100 g Buchweizenmehl
- 100 g gemahlene Mandeln
- 50 g dunkle Schokolade
- 1 Tasse grob gehackte Walnüsse
- 6 EL Ahornsirup
- pflanzliche Margarine für die Form

● Die Datteln 1 Std. in Wasser einweichen lassen. Medjool Datteln müssen nicht eingeweicht werden.

● Den Backofen auf 180 Grad (Umluft 160 Grad) vorheizen. Die Süßkartoffeln schälen und in 1 cm dicke Scheiben schneiden. Im Dämpfer 20 Min. garen, bis sie weich sind. Abkühlen lassen.

● Süßkartoffeln und Datteln pürieren. In einer Schüssel die Mandeln und das Buchweizenmehl vermischen und die Süßkartoffel-Dattel-Masse dazugeben.

● Die Schokolade in einem kleinen Topf schmelzen. Die Walnüsse grob hacken. Die Schokolade, die Walnüsse und den Ahornsirup ebenfalls in die Schüssel geben und alles zu einem glatten Teig verrühren. Eventuell mehr Ahornsirup oder Wasser für eine cremigere Konsistenz hinzufügen.

● Den Teig in eine gefettete Form (ca. 22 × 22 cm) geben und 20 Min. backen. Gut abkühlen lassen und dann in Rechtecke schneiden.

Schmeckt Kindern und Krümelmonstern
Amaranth-Hafer-Cookies

30 Cookies
⏱ 30 Min. + 15 Min. Backzeit

- 1 EL Sojamehl
- 120 g pflanzliche Margarine
- 140 g Haferflocken
- 40 g gepuffter Amaranth
- 180 g Buchweizenmehl
- 1 TL Backpulver
- 150 g Rohrzucker
- ¼ TL Salz
- 100 g getrocknete Cranberrys
- Mark von 1 Vanillestange
- abgeriebene Schale von ½ Orange
- 2 EL Hafermilch

● Den Backofen auf 180 Grad (Umluft 160 Grad) vorheizen.

● Das Sojamehl mit 2 EL kaltem Wasser in einer Tasse verrühren. Die Margarine erwärmen, bis sie flüssig ist.

● Haferflocken, Amaranth, Buchweizenmehl, Backpulver, Rohrzucker, Salz und Cranberrys in einer Schüssel mischen. Das vermischte Sojamehl, die flüssige Margarine, das Vanillemark und die Orangenschale dazugeben und gut verkneten. Die Hafermilch dazugeben, bis der Teig geschmeidig ist.

● Mit einem Löffel etwa walnussgroße Nocken abstechen und diese auf einem mit Backpapier ausgelegten Backblech mit wenig Druck platt drücken. Die Amaranth-Hafer-Cookies im Ofen auf mittlerer Höhe 12–15 Min. backen.

Tipp Die Cookies halten sich am besten in einer Blechdose.

Stichwortverzeichnis

Zutatenregister

Register nach Jahreszeiten

Liebe Leserin, lieber Leser,

hat Ihnen dieses Buch weitergeholfen? Für Anregungen, Kritik, aber auch für Lob sind wir offen. So können wir in Zukunft noch besser auf Ihre Wünsche eingehen. Schreiben Sie uns, denn Ihre Meinung zählt!

Ihr TRIAS Verlag

E-Mail-Leserservice
kundenservice@trias-verlag.de

Lektorat TRIAS Verlag
Postfach 30 05 04
70445 Stuttgart
Fax: 0711 89 31-748

**Bibliografische Information
der Deutschen Nationalbibliothek**
Die Deutsche Nationalbibliothek verzeichnet
diese Publikation in der Deutschen Nationalbib-
liografie; detaillierte bibliografische Daten sind
im Internet über http://dnb.d-nb.de abrufbar.

Programmplanung: Uta Spieldiener
Redaktion: Anja Fleischhauer, Stuttgart
Bildredaktion: Christoph Frick

Umschlaggestaltung und Layout:
CYCLUS Visuelle Kommunikation, Stuttgart

Bildnachweis:
Umschlagfoto vorn: Meike Bergmann, Berlin
Fotos im Innenteil: Meike Bergmann, Berlin
Foodstyling: Caroline Franke, Berlin
Autorenfoto: Björn Lexius
Stockfood: S. 25, 43, 48

1. Auflage

© 2015 TRIAS Verlag in MVS
Medizinverlage Stuttgart GmbH & Co. KG
Oswald-Hesse-Straße 50, 70469 Stuttgart

Printed in Germany

Satz und Repro: Fotosatz Buck, Kumhausen
Gesetzt in: Adobe InDesign CS6
Druck: AZ Druck und Datentechnik, Kempten

Gedruckt auf chlorfrei gebleichtem Papier

ISBN 978-3-8304-8304-5

Auch erhältlich als E-Book:
eISBN (PDF)   978-3-8304-8305-2
eISBN (ePub) 978-3-8304-8306-9

1 2 3 4 5 6

Wichtiger Hinweis: Wie jede Wissenschaft ist die
Medizin ständigen Entwicklungen unterworfen.
Forschung und klinische Erfahrung erweitern unsere Erkenntnisse. Ganz besonders gilt das für
die Behandlung und die medikamentöse Thera-
pie. Bei allen in diesem Werk erwähnten Dosie-
rungen oder Applikationen, bei Rezepten und
Übungsanleitungen, bei Empfehlungen und Tipps
dürfen Sie darauf vertrauen: Autoren, Herausge-
ber und Verlag haben große Sorgfalt darauf verwandt, dass diese Angaben dem Wissensstand
bei Fertigstellung des Werkes entsprechen. Rezepte werden gekocht und ausprobiert. Übungen
und Übungsreihen haben sich in der Praxis er-
folgreich bewährt.

Eine Garantie kann jedoch nicht übernommen
werden. Eine Haftung des Autors, des Verlags
oder seiner Beauftragten für Personen-, Sach-
oder Vermögensschäden ist ausgeschlossen.

 Besuchen Sie uns auf facebook!
**www.facebook.com/
gesundeernaehrungtrias**